›Der kleine Krisenhelfer‹ zeigt, wie wir uns selbst ein lösungsorientierter Coach und Therapeut sein können. Gefühle, die uns Kraft nehmen, können wir schnell, wirksam und nachhaltig in Gefühle umwandeln, die uns Kraft geben. Wie gelingt ein solcher Perspektivwechsel, von einem Problem zu einer Energiequelle? Einfache körperliche Übungen, die beide Hirnhälften anregen, und verschiedene, überall durchführbare Ressourcenübungen helfen dabei.

Christoph Emmelmann war über zehn Jahre selbstständig tätig. Nach einer schweren Herzoperation, ausgelöst durch Stress, entdeckte er das Lachen und den Humor als Heilmittel und Ressource für sich selbst und schöpfte daraus neue Kraft und Lebensfreude. Mittlerweile ist er Lachyoga-Therapeut und Trainer für Stressmanagement, Ausbilder im europäischen Berufsverband für Lachyoga und Humortraining e. V. und Mitglied von HumorCare Deutschland e. V. Er gründete und leitet die erste Münchner Lachschule. Bei dtv hat er ›Das kleine Lachyoga-Buch‹ (34429) verfasst.

Christoph Emmelmann

Der kleine **Krisenhelfer**

Mit Übungen für mehr
Gleichgewicht im Leben

Deutscher Taschenbuch Verlag

Auch als eBook erhältlich.

Von Christoph Emmelmann ist außerdem
bei dtv erschienen:
Das kleine Lachyoga-Buch (34429)

Ausführliche Informationen über
unsere Autoren und Bücher
finden Sie auf unserer Website
www.dtv.de

Originalausgabe 2014
© 2014 Deutscher Taschenbuch Verlag GmbH & Co. KG, München
www.dtv.de
Das Werk ist urheberrechtlich geschützt.
Sämtliche, auch auszugsweise Verwertungen bleiben vorbehalten.
Illustrationen auf S. 30 und S. 55: Katharina Netolitzky
Fotos: Rudi Königsberger
Umschlagkonzept: Balk & Brumshagen
Umschlaggestaltung: Lisa Höfner
unter Verwendung einer Grafik von Tom Roberts
Satz: Greiner & Reichel, Köln
Gesetzt aus der Stone Serif 8,3/12,6
Druck und Bindung: C. H. Beck, Nördlingen
Gedruckt auf säurefreiem, chlorfrei gebleichtem Papier
Printed in Germany · ISBN 978-3-423-34798-3

Inhalt

Vorwort von Thomas Holtbernd	9
Der Schluss am Anfang	12
Was sind denn Ressourcen?	14
Die kleine Ressourcengeschichte	16
Von der Belastung zur Ressource	18
Wollen wir das mal ausprobieren?	20
Wirklich weiterlesen?	23
Die Ressourcenübung »Haltung« als Einstieg	26
Bewusster Perspektivenwechsel	31
Aktiv sein!	36
Erfolg durch Regelmäßigkeit	39
Praxis	42
Bilaterale Stimulation	42
Ressourcenübungen	47
Kraftvolles Schreiben	49
Kraftvolles Visualisieren	53
Kraftvolles Bewegen	57
Kraftvolles Sprechen	60
Klopftechnik – Klopfen hilft	63
Rituale	78
Der Verstärker Humor	87
Der Anfang am Schluss	105
Das Ressourcen-Grundrezept	107
Hilfreiche Tipps	109
Das Seminar zum Buch	111

Die Fähigkeit des modernen Menschen, unglücklich und unzufrieden zu sein, ist unbegrenzt.
Manfred Rommel

Vorwort von Thomas Holtbernd

Es gibt unzählige Ratgeber, die uns ultimativ glücklich machen wollen und uns ein schlechtes Gewissen suggerieren, wenn wir nicht endlich die Mitgliedschaft im Fitnessstudio von passiv auf aktiv umwandeln, Sport treiben oder eine noch bessere Methode anwenden. Ein Blick in die Gesichter vieler Zeitgenossen lässt daran zweifeln, dass solche Ratgeberbücher Wirkung zeigen. Und auch die Zunahme an Fitnessstudios hat sich noch nicht messbar an der Veränderung der Mundwinkel nach oben gezeigt.

Der Mensch ist träge, und Veränderungen sind keine Sache der bloßen Entscheidung dafür. Gut Ding will Weile haben, das wussten schon die Alten. Wir können nicht etwas ändern, was nicht in uns ist. Doch wir können schauen, was wir nicht entwickelt haben, wo wir Potenzial besitzen, das uns bisher gar nicht aufgefallen ist. Und wir haben als Stammkapital viel mitbekommen, sehr viel, also so gut wie alles.

Und natürlich können wir nicht nur mit dem Geist die Dinge verändern, der Körper muss mit auf die Reise genommen werden. Wie erhebend und den Geist belebend ist es, wenn wir einmal bis an die Grenzen unserer körperlichen Belastbarkeit gegangen sind. Wie hilfreich ist es, Körperkontakt zu fühlen, wenn wir niedergeschlagen und traurig sind. Da helfen kein Reden und kein guter Vorsatz, da muss körperlich etwas geschehen. Da wir nicht nur Körper, sondern auch Geist sind, kommt es darauf an, dass wir auch sagen oder besser benennen können, was mit uns geschieht. Wenn wir sagen, jetzt habe ich verstanden, dass ... dann spüren wir das auch körperlich.

Oft vergessen wir, dass neben Körper und Geist auch eine Seele existiert. Man könnte das Transzendenz nennen, man kann es Gott nennen. Zunächst ist es völlig egal, wie wir das, was wir da empfinden, nennen. Zunächst kommt es darauf an, eine solche Dimension zuzulassen. In einer von Technik beherrschten Welt scheinen solche Gedanken abstrus. Trifft uns ein Schicksalsschlag, dann denken wir oft anders darüber. In der Not lernt der Teufel beten, so heißt es im Volksmund. Wenn man schon einmal eine solche Erfahrung gemacht hat, dann sollte man nicht warten, bis man erneut einen Schicksalsschlag erhält. Ein solches Wissen ist ein Schatz, den man bereits hat und heben sollte.

Und bei allem, was so wichtig erscheint, was erstrebenswert wirkt, ist Selbstironie wichtig, die nötige Portion Humor. Mit Humor hat man Spaß daran, eine Übung wegen der Übung zu machen – und man lacht selbst über eine misslungene Übung. Wer verbissen übt, der schafft es vielleicht bis zum Ende, doch da ist er dann so verkrampft, dass er eine weitere Übung gegen Verkrampfung machen müsste.

Im vorliegenden Buch findet der Leser/die Leserin nichts Perfektes, und es bringt überhaupt nichts, wenn man verbissen darangeht. Es ist ein Angebot, es ist ein Weg, es deutet an, es versucht. Und das ist genau das, was der Leser/die Leserin auch machen kann. Das Ziel ist offen, und wenn gerade deswegen ein wenig Begeisterung, ein wenig Fülle entsteht, dann ist das Ziel voll erfüllt. Wer will schon perfekt sein? Das

Leben ist viel schöner, wenn wir unperfekt sind und das mit viel Begeisterung. Christoph Emmelmann hat erlebt, wie unperfekt er ist, und seine Begeisterung ist zwischen den Zeilen zu spüren. Und eigentlich ist es das Wiederentdecken der Freude, durch die wir entstanden sind und die wir mehr oder weniger spüren können, wenn wir einfach mal machen, den Körper spüren, die Kraft empfinden, die ein Auf-den-Boden-Stampfen haben kann. Mehr braucht es nicht, und diese Entdeckung alleine ist schon wunderbar. Wenig ist oft eine ganze Menge. Und wenn der Leser/die Leserin keine einzige Übung, die in diesem Buch beschrieben wird, macht: Das macht nichts, solange die ansteckende Freude und Begeisterung rübergekommen sind.

In diesem Sinne
ernstheiter mit einem Lächeln
Thomas Holtbernd

Der Schluss am Anfang

> *Jetzt, da mein Haus abgebrannt ist, habe ich eine bessere Sicht auf den aufgehenden Mond.*
> Japanischer Dichter Masahide

Gratulation, Sie haben jetzt beim Lesen dieses Zitats keineswegs schlechte oder bedenkliche Gefühle, wie Sie sie vor der Lektüre des Buches gehabt hätten. Denn die Kapitel über Ressourcen, der Einblick in bilaterale (zweiseitige) Stimulation, wundervolle, schnell wirkende Übungen wie die Klopftechnik und der Humor haben es Ihnen möglich gemacht, die ganze Tiefe dieser wunderbaren Weisheit zu erfassen, darüber zu schmunzeln und sie zukünftig in Ihr Leben zu integrieren. Die Umsetzung dieser Weisheit lautet: von Schwierigkeiten zu Möglichkeiten. Von »Warum passiert mir das?« zu »Was kann ich tun?«. Von problemorientiert zu lösungsorientiert. Weg von Erklärungen, warum, weshalb in der Vergangenheit dies oder jenes passiert ist. Hin zu »Ich bin trotz der Vergangenheit und meiner Handicaps in der Lage, ein erfolgreicher Mensch zu sein«. Ich lasse geschehen, was mich zufrieden macht. Weg von der Opferhaltung, hin zum aktiven Menschen. Nicht Rumstöbern in Ursachen, sondern Besinnen auf die Gegenwart. Was ist heute in Ordnung? Was hat in der Vergangenheit funktioniert oder war hilfreich? Und was kann ich jetzt im Moment tun, um Beziehungen und Entwicklungen in der Zukunft zu verändern? Dieses Buch hat Sie gelehrt, wie Sie selbst Ihr lösungsorientierter Coach und Therapeut sein können und sich selbst Hilfe zur Selbsthilfe geben können. Es hat Sie gelehrt, die Vorgehensweise in Ihrem Leben zu ändern. Denn es ist idiotisch, immer wieder dasselbe zu tun und trotzdem unterschiedliche Ergebnisse zu erwarten. Spüren Sie und nutzen Sie diese Freiheit. Gehen Sie nach dem Ressourcen-Grundrezept vor, denn so wie Sie Ihre Gegenwart neu gestalten, wird Ihre Zukunft aussehen. Von ganzem Herzen wünsche ich Ihnen deshalb die Zukunft, die Sie verdienen, und die ist nichts anderes als ein unglaubliches Wunder!

Ihr Christoph Emmelmann

Was sind denn Ressourcen?

Seit dreizehn Jahren halte ich Vorträge und Seminare zum Thema Persönlichkeitsentwicklung, Lachen, Humor und Lebensfreude. Wie kommt man dazu? Ist das einem in die Wiege gelegt, oder haben Lebensumstände dazu geführt? Was meinen Sie? Meine Beobachtungen ergeben ganz klar: Die meisten Menschen sind durch Schicksalsschläge in der Lage, Quellen anzuzapfen, die sonst im Verborgenen liegen! Bei mir war das nicht anders.

Und die gute Nachricht ist, dass man gar keine negativen Schicksalsschläge braucht, um das zu realisieren. In uns allen liegt ein riesengroßes Potenzial an einzigartigen Fähigkeiten.

Seien Sie sich bewusst, dass es keinen Menschen auf dieser Welt gibt, der so einzigartig ist wie Sie! Sie sind die einzige Kombination aus einem bestimmten Spermium von ca. 300 Millionen und dieser einen Eizelle. Ich möchte Sie motivieren und ermutigen, daraus das Beste zu machen. Warum? **Weil sich das gut anfühlt!**

Nur konnte ich an mir selbst und vielen Menschen feststellen, dass die wenigsten in der Lage sind, Gefühle, die uns Kraft nehmen, schnell, wirksam und nachhaltig in Gefühle umzuwandeln, die uns Kraft geben. Das liegt daran, dass wir unsere guten Gefühle von Umständen abhängig machen. Wenn der Chef oder der Partner sich nicht so verhalten, wie ich es mir vorstelle oder erwarte, rutscht mein Gefühl ganz schnell in den Keller. Ich kenne Menschen, die Wochen und Monate, ja manchmal Jahre mit schlechten Gefühlen leben und sich unterschwellig immer schlecht fühlen. **Kennen Sie so etwas auch?**

Das war eine rein rhetorische Frage, ich weiß, dass Sie das auch kennen. Alle Menschen kennen das, weil wir so trainiert worden sind. Das bedeutet, wir werden immer von uns selbst abgelenkt, schon von klein auf.

Stellen Sie sich eine Rose vor. Sie sehen einen wunderschönen Rosenstock und wollen einen Ableger für Ihr Zuhause machen. Sie entfernen dazu einen kleinen Ast und stellen ihn ins Wasser, damit er Wurzeln treibt. Sobald die Wurzeln da sind, topfen Sie ihn in Erde ein und geben Dünger und Wasser dazu. Ist das Wasser gut und der Dünger auch, steht die Pflanze optimal und wird gut behandelt, wird sie groß und kommt zu ihrer vollen Blüte. Das bedeutet, die Pflanze ist vom Außen abhängig, um ihr volles Potenzial zu entfalten. Das ist beim Menschen bis zu einem gewissen Zeitpunkt nicht anders. Nur ab einem gewissen Zeitpunkt im Leben dreht sich das Ganze um und wir können uns um uns selbst kümmern. Und genau das ist die Zeit im Leben, die wir nutzen könnten, um unsere Einzigartigkeit zu leben, unsere Blüte zu entfalten, um die Welt zu bereichern. **Was haben andere Menschen davon, dass es mich gibt?** In der Realität sieht es leider anders aus. Wir bleiben wie die abhängige Pflanze und warten auf guten Dünger oder gutes Wasser oder einen schönen Platz, in Form von Menschen, Politik, Geld, Liebe und Anerkennung. Unsere Blüte geht nicht wirklich auf, weil es da ein kleines Problem gibt.

Alle wollen etwas zurück, wenn sie etwas geben, und genau hier liegt der Schlüssel für Ihre persönliche, einzigartige

Quelle. Nähren Sie selbst Ihre Blüte oder Quelle. Entdecken Sie Ihre Ressourcen nicht außerhalb von Ihnen, sondern *in* Ihnen. Sie werden überrascht sein, welche guten Gefühle in Ihnen aufkommen und wie Sie sich dadurch unabhängig und frei fühlen.

Die kleine Ressourcengeschichte
Der Tempel der tausend Spiegel
Fernab in einem Dorf lebte vor langer Zeit ein Hundevölkchen zusammen und einen der Hunde quälte die Frage, wie es wohl in der Welt draußen sei. Immer wieder fragte er sich und die anderen: »Wie ist es draußen in der Welt?« Aber keiner der Hunde konnte ihm Antwort geben.

Da hörte er schließlich von einem Reisenden, dass sich auf der andren Seite des Flusses der Tempel der tausend Spiegel befinde und dass man bei diesem Tempel erfahren könne, wie es in der Welt zugehe. Sogleich machte sich der Hund auf den Weg. Und nach einer langen und beschwerlichen Wanderschaft kam er schließlich beim Tempel der tausend Spiegel an. Aber wie nun der Hund vor dem Tempel stand und in die Spiegel schaute, da sah ihn aus jedem Spiegel ein Hund an. Da bekam unser guter Hund Angst, und er zog die Lefzen hoch. Und die tausend Hunde in den tausend Spiegeln zogen auch die Lefzen hoch. Da bekam der Hund noch mehr Angst, und er knurrte und kläffte drohend. Und alle Hunde in den tausend Spiegeln knurrten auch und kläfften drohend. Da riss unser Hund sein Maul auf und zeigte seine scharfen Zähne. Und die Hunde in den Spiegeln rissen auch ihr Maul auf und zeigten ihre Zähne. Da wollte unser Hund auf einen der Hunde in den Spiegeln zuspringen, um ihn zu packen.

Aber im selben Augenblick sprangen alle Hunde in den Spiegeln auf ihn los, um ihn zu packen.

Entsetzt machte unser Hund kehrt, rannte ohne Aufenthalt in sein Dorf zurück und rief schon von Weitem: »Da draußen in der Welt geht es schrecklich zu. Die ganze Welt ist voller böser Hunde!«

Aber in dem Dorf gab es einen Hund, der wollte das nicht glauben, und er machte sich selbst auf den Weg zum Tempel der tausend Spiegel. Als er endlich ankam und in die Spiegel schaute, sah ihm aus jedem Spiegel ein Hund entgegen. Da freute sich unser Hund, und er lächelte ein wenig. Und alle Hunde in den Spiegeln lächelten auch. Da freute sich unser Hund noch mehr, und er bellte freundlich und wedelte mit dem Schwanz. Und die tausend Hunde in den tausend Spiegeln bellten auch freundlich und wedelten mit ihren Schwänzen. Da ging der Hund auf einen der Hunde zu und hob die Vorderpfoten, um ihn zu umarmen. Und im selben Augenblick kamen alle Hunde auf ihn zu, um ihn zu umarmen. »Das muss ich meinen Freunden im Dorf berichten«, dachte unser Hund. Er lief schnurstracks nach Hause zurück und rief schon von Weitem: »Da draußen in der Welt ist es wunderbar. Die ganze Welt ist voller freundlicher Hunde!«

Eine wunderschöne Geschichte, nicht wahr? Sie merken, es kommt immer auf uns selbst an, wie wir unser eigenes Leben und die Welt wahrnehmen. **Welches Leben möchten Sie aus sich heraus entdecken?** Das wunderbare oder das böse? Ich glaube aus tiefstem Herzen, dass Sie das wunderbare wollen. Auf geht's! Wir machen uns auf den Weg, die wunderbaren Ressourcen, die inneren Quellen zu entdecken.

Im Leben geht es nicht darum, Schwächen abzubauen, sondern Stärken auszubauen!

> **Zusammenfassung:**
> Treffen Sie eine Entscheidung: Auf was wollen Sie sich in der Gegenwart konzentrieren?
> Sehen Sie die Probleme, oder entdecken Sie die Lösungen?
> Was möchten Sie erleben?

Von der Belastung zu Ressource
Es war an einem schönen Sommertag, als ich durch ein schönes Waldstück ging und ein besonderes Erlebnis hatte. Aus heiterem Himmel standen auf dem Waldweg auf einmal mehrere Eichhörnchen vor mir und starrten mich an. Wie konnte es sein, dass ich dermaßen überrascht wurde? Nachdem ich meine volle Aufmerksamkeit den wunderschönen Tieren zuwandte, die dann auch bald wieder verschwunden waren, quälte mich die Frage: Wie konnte ich derart überrascht werden, ohne etwas davon mitzubekommen? Ich fand schnell die Lösung. Mein ewiges Kopfkino hatte mich abgelenkt, die Realität wahrzunehmen. Ich konzentrierte mich beim Spaziergehen nicht auf meine Umgebung, sondern auf meine Gedanken, die wieder mit irgendetwas nicht zufrieden waren. Dieses Nicht-Zufriedensein hat mich selbst beim Spaziergehen belastet und mich dann abgelenkt, das Erlebnis Wald wirklich zu genießen und Kraft zu tanken.

> *Unsere Gedanken sind unsere größten Verbündeten oder unsere größten Feinde. Wenn wir alles täten, wozu wir imstande sind, wir würden uns selbst in Erstaunen versetzen.*
> Kurt Tepperwein

Wie ich durch meine vielen Gespräche mit Seminarteilnehmern erfahre, ist das bei vielen Menschen so. Wir sind einfach nicht zufrieden mit dem, was ist, obwohl wir zu einer Minderheit von Menschen gehören, denen es richtig gut geht. Alle Grundbedürfnisse wie Essen, Trinken, Wohnen und Frieden sind erfüllt. Trotz alledem verschwenden wir viel Energie für alle möglichen Erlebnisse aus der Vergangenheit.

Lassen Sie die Vergangenheit Vergangenheit sein, konzentrieren Sie sich auf die Gegenwart und Zukunft! Akzeptieren Sie Ihre Gefühle und Ihre Vergangenheit, aber ohne davon Ihr Verhalten in der Gegenwart oder Zukunft bestimmen zu lassen.

Ich vergleiche das manchmal mit einem Kellerabteil. In diesem Keller stehen alte Möbel, Bilder, viele kleine und große Sachen, und an allen Dingen in diesem Kellerraum hängen auch Gefühle. Diese alten Dinge stehen oft im Weg herum, und man behält sie unter Umständen bis ans Lebensende. Wir schleppen also nicht nur alte Dinge, sondern auch alte Gefühle mit uns rum und belasten uns damit unnötig.

> *Wenn du etwas zwei Jahre lang gemacht hast, betrachte es sorgfältig! Wenn du etwas fünf Jahre lang gemacht hast, betrachte es misstrauisch! Wenn du etwas zehn Jahre lang gemacht hast, mache es anders.*
> Mahatma Gandhi

Um im Leben unbeschwerter von alten Belastungen zu werden und sich insgesamt kraftvoll zu verhalten, braucht es Begeisterung für Neues! **Was begeistert Sie?** Ich meine damit nicht, sich auf den neuesten ›Tatort‹ am Sonntag im Fernsehen zu freuen. Was bereitet Ihnen wirklich gute Gefühle, wenn Sie jetzt in die Zukunft schauen? Was bringt Sie zum Jubeln, so wie Kinder, die vor Freude hüpfen?

Wollen wir das mal ausprobieren?
Bitte hüpfen Sie jetzt auf der Stelle und jubeln und schreien Sie.

Sollten Sie aus irgendeinem Grund nicht hüpfen können, geht es auch so: Werfen Sie die Arme hoch und jubeln, schreien Sie Ihre Freude heraus! Schreien Sie auf gut Bayrisch »Mei, geht's mir guat!« – oder in einem anderen Dialekt, wie Sie mögen. Und wie fühlt sich das an? Jetzt wissen Sie, was ich mit wirklicher Begeisterung meine.

Sie können alte Belastungen und Muster beseitigen, indem Sie anfangen, wieder zu träumen wie ein Kind. Eine Zukunftsvision erzeugt in Ihnen ein Gefühl von dynamischem Wachstum.

Ich verrate Ihnen sogar meine größte Zukunftsvision, die da heißt: Fit in die Kiste! So lange wie möglich arbeiten, was Freude macht.

Fit in die Kiste! heißt: Gesund bleiben, viel bewegen, gut ernähren und schlafen.
Mit Freude möglichst lange arbeiten: Einen Job machen, der wirklich Spaß macht.
Rente?: Die statistischen Alterswerte ignorieren.
Aufmerksamkeit auf gesundes Gedankengut richten: Ziele setzen und Visionen haben.

Um unsere Belastungen in Ressourcen zu verwandeln, müssen wir anfangen, das alte Gerümpel im Keller zu entsorgen, und im realen Leben einen Schnitt machen, zum Beispiel durch Rituale (siehe im Kapitel Perspektivenwechsel), und unsere Aufmerksamkeit wieder auf Dinge richten, die uns wirklich motivieren, begeistern und stärken.

Bitte nehmen Sie sich jetzt etwas Zeit für Ihre Zukunftsvision. Wer sonst außer Ihnen sollte sich Gedanken über Ihre Zukunft machen, für das Alte Verantwortung übernehmen und es abschließen und Neues, Kraftvolles in Ihr Leben integrieren? Fördern Sie Ihre Einzigartigkeit, indem Sie anfangen, Ihre Zukunftsvisionen aufzuschreiben. Nehmen Sie ein Blatt Papier und schreiben Sie auf, was Ihnen wirklich Freude machen würde, was Sie begeistert.

Schreiben Sie alles auf, was Ihnen spontan einfällt, seien

Sie ruhig albern dabei. Es können Ziele sein, die kurzfristig sind, wie z. B. eine Sportart zu beginnen, die Sie sich noch nicht zugetraut haben. Mittelfristige Ziele wie eine Fremdsprache oder ein Musikinstrument zu lernen. Oder langfristige Ziele: welche besonderen Charaktereigenschaften Sie in ihrem Leben noch entwickeln wollen, z. B. ein humorvoller Geschichtenerzähler zu werden.

Träumen Sie wieder. Alles, was Sie auf dieser Welt sehen, wurde erträumt. In der Bibel heißt das geistige Gesetz: Bittet, um was ihr wollt, **glaubt nur, das ihr erhalten habt, und es muss euch werden.** Das Prinzip der Bibel ist also zu wissen, was wir haben wollen, und es sich schon vorzustellen, dass es da ist. Ich nenne das »kraftvolles Visualisieren«, die Übung die auf Seite XX gut beschrieben ist. Es ist ein unglaublicher Verstärker, Menschen davon erzählen, was Sie erreichen wollen. Wenn Sie Ihre Träume aussprechen, haben Sie Ihre Gedanken und Bilder schon ein Stück in die Realität umgesetzt. Meist ist es so: Wenn Sie Dinge aussprechen, die Sie begeistern, kommen automatisch Impulse von außen, weil Sie das, was Sie »begeistert«, schon ausstrahlen.

Zusammenfassung:
Entrümpeln Sie Ihre Belastungen. Schließen Sie Dinge ab, die Ihnen Kraft nehmen.
Setzen Sie sich Ziele, die Sie begeistern, schreiben Sie sie auf, träumen Sie davon und erzählen Sie von ihnen.

Wirklich weiterlesen?
Bitte treffen Sie jetzt die Entscheidung, ob Sie das Buch wirklich weiterlesen wollen. Sind Sie wirklich gewillt, die Kraft in sich zu entdecken? Wir arrangieren uns im Leben oft mit den Dingen, die wir eigentlich nicht haben wollen. Weil wir zu viel Angst haben, wirklich das zu leben und zu sagen, was wir wollen. Unsere Urängste tauchen auf, wenn wir unser Potenzial, unsere Einzigartigkeit leben wollen, die da lauten:

☺ **Urangst eins: (Reserven sammeln)**
   Kräfte schonen, Überanstrengungen meiden
☺ **Urangst zwei: (der Tiger ist zu stark)**
   Gegen einen Stärkeren verliert man, Fehler meiden, alles richtig machen
☺ **Urangst drei: (bin allein gegen den Tiger)**
   Angst vor sozialer Zurückweisung

Mir blieb nach meiner großen Lebenskrise mit Scheidung, Konkurs und Herzoperation keine andere Wahl. Ich musste anfangen, alle Urängste zu überwinden, um neu anzufangen. Nur eins änderte sich. **Vor der Krise war ich unbewusst** und wollte der Dunkelheit entfliehen, weil ich nicht wusste, was ich in meinem Leben wirklich will. Heute, **nach der Krise bin ich bewusster geworden** und weiß, was ich will, und gehe auf das Licht zu. Die Anstrengungen, die ich unternehme, sind positiver Stress, und nicht wie zuvor negativer Stress, der mich krank gemacht hat. Positiver Stress ist dann gegeben, wenn Sie sich nach der Anstrengung, obwohl Sie erschöpft sind, wohlfühlen und sich wieder schnell erholen. Negativer Stress ist gegeben, wenn Sie sich anstrengen und danach fix und fertig sind und Tage für die Erholung brauchen bzw. sich keine Erholung mehr einstellt. Die Fehler, die ich immer noch mache (Gott sei Dank), dienen meiner geistigen Entwicklung.

> *Der größte Fehler, den man im Leben machen kann, ist, immer Angst zu haben, einen Fehler zu machen.*
> Dietrich Bonhoeffer

Auch die Art und Weise, auf Menschen zuzugehen, hat sich von Grund auf geändert. Ich versuche heute, in jedem Menschen die Ressource zu entdecken, ich schaue nicht darauf, was nicht passt, sondern darauf, was das Besondere an diesem Menschen ist. (Das klappt nicht immer, aber immer öfter.) Als ich die Ausbildung zum Lachyoga-Therapeuten machte, wurde ich von Freunden angesprochen, ob ich nicht etwas »Gescheites« machen könne. Ich stand fast alleine da mit meinem Neuanfang. Ich musste mich trotz großer Probleme körperlicher und psychischer Art immer wieder selbst motivieren. Und genau in dieser Zeit entdeckte ich die wundervollen Techniken und Übungen, zu denen ich Sie in diesem Buch motivieren möchte. Jedes Mal, wenn es mir nicht so gut ging, nahm ich diesen Umstand als Signal, aktiv zu werden. Heute sage ich Handlungssignal dazu.

Immer, wenn ich kraftlos bin und mich nicht gut fühle, erinnern mich diese Gefühle daran, zu handeln und mich nicht darin zu drehen und zu suhlen. Es ist wie der Spiegel aus der Hundegeschichte. Schlechte Gefühle verursachen eine schlechte Einstellung, und das sieht man.

Deswegen bin ich mir der eigene Spiegel, der mich immer daran erinnert, wie ich bin, und er eröffnet mir die Möglichkeit, anders zu sein.

Aber seien Sie sich bewusst, dass die Wirkungen nur eintreten, wenn Sie sich in Ihrem tiefsten Inneren entscheiden, den Weg des Lichts zu gehen.

Und wie geht das? Keine Ausreden, Rechtfertigungen, Schuldzuweisungen, Verschieberitis und Lügen!

Zusammenfassung:
Überwinden Sie Ihre Urängste. Verlassen Sie Ihre Komfortzone!
Strengen Sie sich an, aber so, dass Sie sich wieder erholen.
Machen Sie Fehler, und stehen Sie dazu.
Stehen Sie mit Ihren Meinungen und Handlungen so oft wie möglich auch mal alleine da.

Komfortzonenübung:

> *Wer sich selbst auf den Arm nimmt,*
> *erspart anderen die Arbeit!*
> Heinz Erhardt

Um schnell und lustvoll die Komfortzone zu verlassen, möchte ich Ihnen folgende Übung anbieten: Über sich selbst lachen!

Nehmen Sie Ihren Zeigefinger, lehnen Sie den Kopf zurück und tippen Sie sich einige Male auf Ihre Stirn oder Kopfseite. Stellen Sie sich dabei ein aktuelles Problem oder eine Herausforderung vor. Sagen Sie sich, Humor ist, wenn man trotzdem lacht und es trotzdem macht. Na, funktioniert's?! Wenn nicht, gleich wiederholen! Kultivieren Sie diese Eigenschaft fest in Ihr Leben. Ihre Gewohnheiten sind Ihr Leben. Lachen über sich selbst ist eine der heilsamsten Gewohnheiten, die es gibt!

Die Ressourcenübung »Haltung« als Einstieg
Um von Anfang an zu spüren, was ich mit Ihren Ressourcen und Quellen meine, lade ich Sie ein, folgende einfache Übung zu machen. Bitte nehmen Sie sich ein paar Minuten

Zeit, um Ihre inneren Kräfte ganz bewusst zu spüren. Das Schöne an dieser Übung ist, dass sie zu jeder Zeit an jedem Ort durchführbar ist! Als ich nach meiner Lebenskrise mit Seminaren und Vorträgen anfing, machte ich eine Referentenausbildung. Das Allererste, was wir lernten, war, dass wir Haltung annehmen, körperlich wie geistig. Uns wurde beigebracht, dass unsere körperliche und geistige Haltung besser als die der Zuhörer oder Teilnehmer sein musste, wenn wir etwas erfolgreich vermitteln wollen. Der berühmte russische Arzt Mirsakarim Norbekov ließ seine Patienten stundenlang in aufrechter Haltung mit einem Lächeln durch Turnhallen gehen. Das erstaunliche Ergebnis war, dass viele Patienten unglaubliche Verbesserungen ihrer Beschwerden bemerkten. Alle Übungen, die ich Ihnen zeigen möchte, sind absolut einfach und schnell auszuführen. Und sie sind auch sehr schnell wirksam. Ich lernte, meinen Gemütszustand durch Körperhaltung, wann immer ich wollte, schnell und wirksam zu verändern (lesen Sie hierzu vor allem die Übungen auf Seite 57, »Kraftvolles Bewegen«).

Im Laufe der Zeit merkte ich, dass ich mein eigenes System verändern konnte. In meiner Krise damals war ich oft schlecht drauf, was dazu führte, dass meine Wirbelsäule krumm war und meine Atmung schlecht. Mein Gemütszustand beeinflusste meinen Körper. Wenn ich gut drauf war, passierte genau das Gegenteil. Meine Haltung war aufrechter, die Atmung tiefer, ich hatte mehr Mut, und das Leben fühlte sich besser an. In der Ausbildung lernte ich, mein eigenes System bewusst zu verändern. **Lass es nicht zu, dass dein Gemütszustand deinen Körper beeinflusst, sondern**

beeinflusse mit deinem Körper deinen Gemütszustand! Das bedeutet, dass Körperhaltungsübungen negativen Stress, hervorgerufen durch Ärger, Wut, Angst, sorgenvolles Denken usw., verringern können, sie können also unser Befinden verändern. Sie wirken teilweise in Sekundenschnelle, und dies ist sogar medizinisch-neurophysiologisch nachweisbar. Das bessere Befinden beflügelt unsere Gedanken, wir sind zuversichtlicher und reagieren gelassener aufs Leben.

Und jetzt raten Sie mal, **wer für seine Körperhaltung verantwortlich ist?**

Sie haben verdient, dass es Ihnen gut geht! Wenn es Ihnen gut geht, verändern sich sogar die Menschen um Sie herum positiv. Das liegt an den Spiegelneuronen (Nervenzellen), die im Gehirn dafür sorgen, dass bei uns selbst die gleichen Verhaltensmuster ausgelöst werden, die wir bei anderen sehen bzw. vermuten. Lächeln erzeugt Zurücklächeln! Es lohnt sich, an seiner Körperhaltung etwas zu ändern; sie ist eine Ihrer größten Ressourcen, und das Ganze ist auch noch kostenlos, wann immer und wo immer Sie wollen.

> *Was wir sind, sind wir durch unseren Körper.*
> *Der Körper ist der Handschuh der Seele, seine*
> *Sprache das Wort des Herzens. Jede innere Be-*
> *wegung, Gefühle, Emotionen, Wünsche drücken*
> *sich durch unseren Körper aus.*
> Samy Molcho

Kopf hoch, Brust raus, breitbeinig stehen, Hände in die Hüften. Ganz simpel.

Na, wie fühlt sich das an? Was passiert dabei? Ihre Sinne funktionieren besser, z. B. die Nase. Probieren Sie mal, mit hängendem Kopf tief zu atmen. Wie, schwer?!

Ihre Brustwirbelsäule weitet sich, das ermöglicht eine bessere Sauerstoffaufnahme, was Ihrem Gehirn und Denken ebenso wie Ihrer Stimmung zugutekommt. Wenn Sie breitbeinig stehen, kann Sie nichts so schnell umhauen, Sie sind besser verwurzelt. Das gibt Ihnen Sicherheit. Ihr Gehirn sendet »Ich fühle mich stark«. Wenn Sie Lust haben, lachen Sie noch dabei, um die Wirkung zu verstärken.

Wenn Sie regelmäßig Haltung annehmen, gewöhnt sich Ihr Gehirn daran, und es wird für Sie selbstverständlich, aufrechter zu stehen, zu gehen und zu sitzen. Dadurch können Sie besser atmen und fühlen sich natürlich auch besser. Machen Sie diese Übung ganz regelmäßig vor dem Spiegel. Nehmen Sie sich vor, auch im Alltag, wo Sie gehen und stehen, aber natürlich auch sitzend diese Haltung einzunehmen.

Schaffen Sie sich Eselsbrücken, die Sie daran erinnern. Kleben Sie z. B. an Ihren Computer einen Zettel, oder lassen Sie sich in der Haltung fotografieren und nehmen dieses Bild als Desktophintergrund auf Ihrem Computer. Lassen Sie sich durch Ihr Handy erinnern: »Haltung annehmen!«

Bitte machen Sie diese Übung jetzt gleich noch mal. **Spüren Sie, was Ihre eigenen Ressourcen sind.** Das Schöne, es gibt noch viel mehr davon. Bevor wir uns aber damit beschäftigen, möchte ich mit Ihnen noch einen kleinen Ausflug ma-

chen. Ich habe davon gesprochen, dass ich mein System verändern konnte. Ich lernte über meinen Körper, meine Stimmung zu beeinflussen. Und nicht nur das, ich lernte, jederzeit auch meinen Geist zu benutzen, um meinen Körper zu beeinflussen. Nur, was braucht es dazu? Einen bewussten Perspektivenwechsel. Und wie geht das?

Zusammenfassung:
Nehmen Sie, wann immer möglich, Haltung an. Was wir sind, sind wir durch unseren Körper! Ändern Sie Ihre körperliche Haltung, und Ihr Leben ändert sich!

Bewusster Perspektivenwechsel

Ein Ehepaar stritt unentwegt miteinander. Beide wurden schnell wütend, und sie warfen einander wüste Beschimpfungen an den Kopf. Nach dem Streit tat es beiden in der Regel leid, nur konnten sie ihre Aussagen nicht mehr zurücknehmen. So wollten die beiden irgendwann nicht mehr weitermachen. Beide besuchten Seminare zur Persönlichkeitsentwicklung. Im Laufe der Seminare wurde ihnen bewusst, dass es Verhaltensmuster aus der Kindheit waren, die sie von ihren Eltern übernommen hatten und nun in ihrer Ehe auslebten. Durch Anregungen in den Seminaren, wo viel mit Ritualen gearbeitet wurde, erhielten sie konkrete Vorschläge, was sie machen konnten, um ihre alten Verhaltensmuster zu durchbrechen. Sie dachten sich für ihre verfahrene Situation ein eigenes Ritual aus. Jedes Mal, wenn der Streit begann, wieder miese Formen anzunehmen, mit Beschimpfungen unter der Gürtellinie, vereinbarten sie, dass sich der Mann ganz ausziehen und in die Badewanne steigen muss. Sie setzt sich angekleidet daneben aufs Klo. Dann wollten sie ihren Streit fortsetzen. Alle beide fanden die Situation so komisch, dass sie nicht mehr weiterstreiten konnten. Da sie ihre Ehe retten wollten, zogen sie dieses Ritual wirklich durch. Nach mehreren Badewannengängen lernten sie allmählich, den Streit zu kontrollieren, und fanden andere Möglichkeiten, ihre Konflikte zu bewältigen.

Was den Verlauf bei dieser Geschichte veränderte, ist: Das Ehepaar entscheidet sich wirklich dazu, etwas zu verändern, wird aktiv, besucht Seminare und fängt tatsächlich an, Neues auszuprobieren.

In Bezug auf unsere Ressourcen läuft es ebenso. Ich muss mir bewusst werden, dass ein bestimmtes Verhalten so nicht weitergeführt werden kann. Dann sollte ich mich bewusst entscheiden, etwas dafür gezielt zu unternehmen, und dann regelmäßig aktiv diesen Prozess gestalten.

Ich habe Ihnen schon erzählt, dass ich bei meiner Referentenausbildung mein System umstellte. Ich setzte meinen Körper ein, um meinen Gemütszustand zu verbessern. Das Entscheidende war aber, dass ich mich dabei bewusst entschieden habe, immer mehr zu spüren, dass es mir besser ging bei einer bestimmten Körperhaltung.

Ich sagte immer wieder zu mir: **Was kann ich tun? Welche Ziele möchte ich verfolgen?**

Ich lernte meine Aufmerksamkeit nicht mehr auf das, was nicht stimmt, zu konzentrieren (wie Schmerzen, Ängste, Sorgen um die Zukunft etc.), sondern ich lernte, mich auf die kraftvollen Aspekte meines Körpers einzustimmen und kraftvolle Pläne für die Zukunft zu schmieden. **Ich hatte einfach keine Lust mehr, tausend Gründe zu suchen, warum etwas nicht funktionieren soll, was ich mir vornehme.**

Übertragen auf das Ehepaar: Sie probierten beim Auftreten alter Verhaltensmuster neue Dinge aus. Die Zielsetzung war, die Ehe nicht den Bach runtergehen zu lassen.

Auch wenn es in diesem Buch nicht um Beziehungen zu anderen Menschen geht, sondern um Sie als einzigartigen Menschen, können wir trotzdem auf diese Geschichte zurückgreifen. Wir können auch als Einzelperson genauso vorgehen wie das Ehepaar.

- ☺ Fragen Sie sich: Was möchte ich tun, anstatt immer wieder den gleichen negativen Stress zu erleben?
- ☺ Stellen Sie sich intensiv vor, wie diese Situationen langsam, aber sicher Ihre Lebensqualität immer weiter zerstören.
- ☺ Unterbrechen Sie das Muster. Jedes Mal, wenn der Druck zu groß wird, sollten Sie etwas völlig Anderes oder Verrücktes tun (z. B. in der Nase bohren und sehr gut, sehr gut, Yeah schreien – eine Lachyoga-Übung).
- ☺ Entwickeln Sie eine konstruktive Alternative, ein neues Ritual.
- ☺ Üben Sie dieses neue Muster, bis es sich selbstverständlich einstellt.
- ☺ Prüfen Sie das neue Vorgehen auf Wirksamkeit, klappt es?

Ich hatte eine Seminarteilnehmerin, die sehr angespannt war, viel Stress und Probleme in der Arbeit hatte und kurz vor dem Aufgeben war. Sie besuchte den Vortrag »Fit und gesund durch regelmäßiges Lachen«. Sie war begeistert, weil sie durch die wenigen Übungen, die ich im Vortrag machte, entspannt war wie schon lange nicht mehr. Sie traf die Entscheidung, sich dieses gute, entspannende Gefühl öfter zu holen, und kam in einen regelmäßigen Kurs. Schon nach drei Kursstunden sagte sie mir, dass sie nicht mehr so angespannt sei und sich auf jede Stunde freue. Sie hatte etwas gefunden, das ihr zumindest einmal die Woche ein wirklich gutes Gefühl gab. Wir kamen dann weiter ins Gespräch, und sie fragte mich, ob sie zusätzlich auch etwas alleine machen könne, um ihren Stress in den Griff zu bekommen. Ich fragte sie, wie ihr Tagesablauf aussehe und was sie nach der Arbeit mache. Meistens ging sie nach der Arbeit nach Hause, machte sich etwas zu essen und schaute dabei fern, bis sie sehr müde von der Arbeit einschlief. Wenn sie aufwachte, schaltete sie den Fernseher aus und ging zu Bett.

Das Dilemma war, dass sie sehr schlecht schlief vor lauter ruhelosen Gedanken. Ich schlug ihr vor, ein kleines Ritual mindestens sechs Wochen lang durchzuführen. Sie sollte, wenn sie von der Arbeit nach Hause kam, eine Kerze anzünden, sich jeden Tag etwas anderes Leckeres kochen und sich nach dem Essen mit einem Buch auf ihr Sofa setzen und lesen. Da ihr Leidensdruck ziemlich groß war, machte sie das auch konsequent. Ich sah sie jede Woche im Lachyoga-Kurs, und wir hatten die Möglichkeit, darüber zu sprechen, was das abendliche Ritual körperlich und geistig mit ihr machte. Sie berichtete mir schon nach der ersten Woche, dass sie besser schlafen könne, seit sie nicht mehr den Fernseher abends anmacht. Jeden Tag machte sie sich Gedanken, welches leckere Essen sie sich kochen könnte, kaufte vielseitiger ein und verzichtete auf Fertiggerichte, denn das frische Kochen tat ihr richtig gut und schmeckte natürlich besser. Das Anzünden der Kerze war der Startschuss für ihren Abend. Schon nach wenigen Wochen erzählte sie mir, dass es in der Arbeit besser lief, weil sie besser schlief und sich dadurch kraftvoller fühlte und nicht mehr so negativ war. Auch das Lachyoga-Training schien ihr sichtlich viel zu bringen. Ihre Körperhaltung und Mimik veränderten sich. Nach weiteren Gesprächen fing sie nach und nach an, sich auf die Dinge zu konzentrieren, die in ihrem Leben gut liefen. Selbst in der

Arbeit, die sie eigentlich nur zum Geldverdienen verrichtete, fand sie positive Aspekte und förderte diese.

Nach dem Ende des Kurses traf ich sie nach einigen Monaten wieder, und sie erzählte mir, dass ihr in ihrer Firma eine andere Stelle angeboten wurde, sie nun mehr Spaß an der Arbeit habe und sich viel glücklicher und kraftvoller fühle. Den Fernseher habe sie gegen Lesen und Kinobesuche eingetauscht.

Ich könnte Ihnen viele solcher Geschichten erzählen. Mir geht es dabei aber besonders darum, dass Sie erkennen, dass Sie selbst derjenige sind, der Veränderungen vollziehen kann. Warten Sie nicht, bis im Außen etwas geschieht. **Perspektivenwechsel zum lösungsorientierten Handeln geschieht nur durch Sie selbst.**

Meine Erfahrung ist, dass Rituale dabei sehr wirkungsvoll sind. Schon vor Tausenden von Jahren machten Menschen Rituale, um Veränderungen in Gang zu setzen oder abzuschließen (Anregungen dazu bekommen Sie im Praxis-Teil ab Seite 42).

> *Das ganze Leben ist ein Experiment. Je mehr Experimente du anstellst, desto besser.*
> Ralph Waldo Emerson

> **Zusammenfassung:**
> Machen Sie neue, stabilisierende Rituale. Rituale sind regelmäßig wiederholte Aktivitäten, die allein oder in der Gruppe durchgeführt werden. Sie helfen dabei, ein Gefühl der Stabilität oder Verbundenheit mit sich selbst oder auch anderen herzustellen. Rituale sollten mindestens über einen Zeitraum von sechs Wochen regelmäßig angewandt werden. Dadurch bauen Sie einen intensiveren Kontakt zu sich selbst oder anderen auf, der Ihnen bei der Überwindung von Stress und Schicksalsschlägen hilft.

Aktiv sein!

Eine der größten Erkenntnisse, zu denen ich in den Jahren gelangt bin, ist, dass sich durch Bewegung alle meine Probleme in Form von Gefühlen verändern. Damit meine ich nicht nur körperliche, sondern auch geistige Bewegung.

Von einem Gefühl, was uns Kraft nimmt, wie Wut, Ärger, Sorgen, Schuldgefühlen, Angst, zu einem Gefühl, was Kraft gibt, wie Zuversicht, Hoffnung, Anerkennung, Fröhlichkeit. Der Schlüssel, um an unsere kraftvollen Quellen zu gelangen, ist Bewegung. Alles in der Natur bewegt sich pausenlos. Alles auch in uns. Der menschliche Körper hat ca. 50 Billionen Zellen, die sich permanent verändern. Wenn man sich so umschaut, kann man bei uns Menschen aber feststellen, dass wir uns oft wider die Natur verhalten. Viele Menschen wollen sich nicht bewegen. Sie suchen Sicherheit. Sicherheit macht jedoch starr und langweilig.

Bewegung ist aber Unsicherheit. Wenn ich mich bewege, könnte etwas passieren, lieber bleibe ich stehen, sitzen oder liegen und denke, was ich schon immer gedacht habe, und bewege mich nicht von der Stelle – so denken wir oft, doch das führt uns nicht weiter.

Ich habe ein wunderbares Interview mit dem 88-jährigen Altersforscher Leopold Rosenmayr gelesen. Er sagt: »Wissen Sie, ich glaube, dass es in unserer schnelllebigen Welt besonders wichtig ist, sich zu korrigieren und zu ändern. Wir können nicht früh genug damit anfangen, das zu üben, uns immer wieder nicht nur im Kopf, sondern auch im Herzen von Altem befreien, uns neue Ziele setzen und die Kraft finden, sie zu verfolgen. Der ganze Mensch muss beweglich bleiben. Ich spreche hier immer von ›Laufen, Lernen und Lieben‹.« Schon bemerkenswert, das mit 88 Jahren zu sagen, was meinen Sie? Wieso kann ein 88-jähriger Mann so etwas sagen? Ich glaube, weil er das lebt und noch mit 88 Jahren berufstätig ist.

Zwei Frösche sprangen auf einer Weide in einen Eimer, der zur Hälfte mit Milch gefüllt war. Aber schon bald erkannten sie, dass sie auf normalem Wege nicht wieder herauskommen würden. Es fehlte ihnen einfach die Sprungfläche. Sie ruderten und ruderten, bis schließlich einer der Frösche sich sagte, dass es ja doch keinen Sinn habe, sich abzumühen für nichts und wieder nichts. Er hörte auf zu rudern, streckte alle viere von sich und ertrank. Der andere ließ sich nicht entmutigen. Er ruderte weiter und ruderte so lange, bis die Milch zu Butter geworden war. Dann setzte er sich darauf, sprang ab und gelangte in die Freiheit.

Sicherlich kennen Sie diese Geschichte. Übertragen beinhaltet sie die Botschaft, nicht stecken zu bleiben im Leben, sondern sich auf unsere wahre Natur zu besinnen, die schon von Kind an auf Neugier und Beweglichkeit ausgerichtet ist. Wir sollten alle neugierig, optimistisch und beweglich bleiben. Deswegen möchte ich Sie jetzt nochmals motivieren, die kleine Übung aus dem Kapitel »Von der Belastung zur Ressource« zu machen. Bitte nehmen Sie sich etwas Zeit und ein Blatt Papier und schreiben auf, was Sie wirklich begeistert im Leben. Wenn Sie die Übung schon einmal gemacht haben, nehmen Sie sich bitte das Blatt erneut vor. Spüren Sie, ob das, was Sie aufgeschrieben haben, wirklich Ihre inneren Gefühle berührt. Lässt es Ihr Herz höher schlagen, wenn Sie sich vorstellen, dieses oder jenes in Ihrem Leben noch zu realisieren, oder ist es nur ein »wäre toll«?

Es sollte brennen in Ihnen. Ich weiß von mir selbst, wie sich das anfühlt, und habe das bei vielen Teilnehmern meiner Vorträge und Seminare spüren können. Viele haben sich dieses Gefühl eingeprägt und sich immer wieder geholt und in sich kultiviert, indem sie aktiv waren. Durch regelmäßiges Üben ist es ein Teil von ihnen geworden.

> **Zusammenfassung:**
> Werden Sie aktiv, bleiben Sie beweglich!

Erfolg durch Regelmäßigkeit

In vielen Ratgebern gibt es zahlreiche Tipps, wie Sie Ihr Leben positiv verändern oder gestalten können. Leider helfen diese Ratgeber nur sehr wenig, wenn es an einem fehlt: und zwar an der Regelmäßigkeit. Erfolgreich ist nur derjenige, der regelmäßig an seiner Veränderung arbeitet. Nicht unbedingt die **großen Entscheidungen** im Leben sind es, die die Qualität des Lebens ausmachen. Es sind viel eher die **kleinen Dinge**, denen wir unsere Beachtung schenken sollten. Entscheidend dafür ist die Frage: »Was könnte ich in **Regelmäßigkeit** tun, um mein Leben zufriedener zu machen?« **Es sind die kleinen Dinge!** Viele kleine Dinge ergeben in Summe die großen.

Gut organisierte Menschen sind nicht deswegen gut organisiert, weil sie einmal pro Woche ihre Aufgaben planen. Nein, sie tun es regelmäßig jeden Tag. Oder ein schlanker Mensch ist nicht deswegen schlank, weil er einmal eine Diät gemacht hat. Nein, er ernährt sich regelmäßig und dauerhaft so, dass er schlank bleibt. Viele denken, dass es unsere größeren Entscheidungen sind, die unser Leben bestimmen. Doch: Steter Tropfen höhlt den Stein.

Die größeren Entscheidungen lassen sich oft nicht mehr rückgängig machen; bei den kleinen können Sie heute anfangen. Sie können anfangen, die Dinge zu ändern, die Ihnen Kraft nehmen, und damit Ihrem Leben eine neue Richtung geben.

Bitte stellen Sie sich spielerisch diese Fragen:

☺ Was würde es in Ihrem Leben für einen Unterschied machen, wenn Sie sich jeden Tag 30 Minuten an der frischen Luft bewegten, Gymnastik machten, danach entspannten und sich ganz gezielt positive Gedanken für Ihre Zukunft machten?

☺ Oder was würde es für Auswirkungen auf Ihre Beziehung haben, wenn Sie sich jeden Tag ganz gezielt 30 Minuten Zeit nehmen würden, um Ihren Partner zu unterstützen?

☺ Oder was würde passieren, wenn Sie sich jeden Tag fragen würden: wie möchte ich heute sein?

☺ Oder wenn Sie sich entscheiden, heute bewusst fröhlich in den Tag zu gehen und auf Wut, Ärger und Sorgen zu verzichten?

☺ Oder was hätte es für Auswirkungen auf Ihr Leben, wenn Sie sich jeden Tag 30 Minuten Zeit nehmen würden, um sich systematisch weiterzubilden, egal in welchem Alter Sie sind?

☺ Was wäre, wenn Sie jeden Tag 30 Minuten mit etwas verbringen würden, das Sie wirklich begeistert?

☺ Was würde sein, wenn Sie jeden Tag eine Kerze anzünden und sich bewusst machen würden, dass dieser Tag der wichtigste in Ihrem Leben ist? Es gibt nämlich nur diesen!

Wenn Sie Ihr Leben ändern möchten, können Sie heute damit anfangen. Heute könnte der erste Tag einer neuen, wunderbaren Gewohnheit sein, die Ihre Zukunft so erfolgen lässt, wie Sie dies gerne hätten. Und damit wären wir schon bei der Praxis. Die Übungen, die ich Ihnen vorstelle, setze ich seit Jahren erfolgreich ein. **Diese Übungen sollen kein Er-**

satz für medizinische oder therapeutische Behandlungen sein oder als solche gesehen werden. Ziel ist zu merken, dass die Übungen Ihre Gefühle berühren. Sie können Ihnen helfen, Belastungen zu reduzieren und Stärken aufzubauen. Sie sind einfach, für jede Frau, jeden Mann ohne Vorkenntnisse durchzuführen. Den einzigen Gefallen, den Sie sich selbst tun können, ist, sie mit aller Begeisterung zu lesen und auszuprobieren. Viel Spaß dabei!

> **Zusammenfassung:**
> Die kleinen regelmäßigen Schritte im Leben machen den Erfolg aus.
> Üben Sie regelmäßig, wenn möglich täglich!

Regelmäßig mache ich mit Menschen einen Lachteppich. Eine Ressourcenübung besonderer Art. Zum Nachmachen empfohlen!

Praxis

Bilaterale Stimulation

Was mich seit gut zehn Jahren beschäftigt, ist: Wie begebe ich mich auf den Weg der Gesundheit, auch Salutogenese genannt. Als ich damals nach meiner Herzoperation in der Rehaklinik war, fiel mir auf, dass sich so ziemlich mein ganzes Umfeld in der Klinik nur über Krankheiten unterhielt, über deren Auswirkungen und die Wirkung von Arzneimitteln. Kaum hörte man von etwas, das nicht damit zu tun hatte. Deshalb war es für mich etwas Besonderes, als ich auf Jugendliche aus der Rehaklinik traf, die sich meist nicht in der Klinik aufhielten, sondern, wann immer es ging, im Freien außerhalb der Klinik. Eines Tages ging ich zu ihnen und setzte mich dazu. Ich war ganz verblüfft, denn die Gespräche hatten allesamt nichts mit Krankheit zu tun, sondern sie tauschten Erlebnisse aus, lachten und zogen sich gegenseitig auf. Ohne Probleme fand ich dort Anschluss und verbrachte meinen Restaufenthalt ausschließlich mit dieser Supertruppe. Wenn man den Menschen zuhört, stellt man fest: Probleme aller Art stehen im Vordergrund.

Wie soll man Stärken ausbauen, wenn nur oder fast ausschließlich Schwächen, Probleme und Oberflächlichkeiten im Vordergrund stehen?!

Da mich nicht mehr losgelassen hat, dass es so einen großen Unterschied zwischen den Altersgruppen bezüglich der Wahrnehmung von Krankheit gibt, nahm ich mir vor, mich auf den Weg zu machen, dies zu ändern, soweit es in meinen Möglichkeiten liegt. (Heute bin ich deswegen in dieser Reha-Klinik tätig und mache Lachtherapie mit Patienten.)

EMDR
Eye Movement Desensitization and Reprocessing
(Durch Augenbewegung desensibilisieren und verarbeiten)
EMDR wurde Ende der 1980er-Jahre von Dr. Francine Shapiro entwickelt und zunächst vorwiegend in der Traumatherapie angewandt. Heute wird es auch bei Ängsten, psychosomatischen Störungen, Schmerzen und anderen Indikationen eingesetzt. Die Wirksamkeit dieser Methode wurde in zahlreichen Studien nachgewiesen.

Menschen mit traumatisierenden Erfahrungen haben oft keine Worte für das Erlebte, da das Sprachzentrum (linke Hirnhälfte) bei einem traumatischen Ereignis ausgeschaltet sein kann. Die Überflutung mit Bildern kommt aus der rechten Hirnhälfte. Das »sprachlose Entsetzen« führt dazu, dass die Verarbeitung des Traumas erschwert wird. Bei EMDR folgt der Klient mit seinen Augen der gleichförmigen Handbewegung des Therapeuten, der quasi hin und her winkt, und erinnert sich gleichzeitig an das traumatische Ereignis. Durch die winkende Handbewegung wandern die Augen von rechts nach links. Es findet eine bilaterale Stimulation der Augen statt. **Es wird vermutet, dass durch die bilaterale Stimulation eine Synchronisation der Hirnhälften stattfindet, die den Selbstheilungsprozess einleitet.**

Wenn man in die Weltgeschichte zurückschaut, gibt es natürlich diese Art von Stimulation schon sehr lange auch auf andere Art und Weise. Wenn Sie an die Indianer denken, die abwechselnd von links nach rechts gehüpft sind und dabei getrommelt haben, mit beiden Händen abwechselnd. Oder denken Sie an unsere Kindheit zurück, als wir alle möglichen Klatschspiele mit den Händen gemacht haben. Alles bilaterale Stimulation.

Meinen Erfahrungen nach hilft uns bilaterale Stimulation dabei, eingefahrene Situationen, Denk- und Verhaltensmuster in hilfreichere umzuwandeln.

Oft nutzen wir schon im Alltag diese Art der Stimulation, aber meist unbewusst, zum Beispiel beim Joggen oder Spazierengehen. Man setzt abwechselnd den linken und rechten Fuß auf die Erde, was beide Gehirnhälften stimuliert. Bestimmt haben Sie schon bemerkt, dass sich z. B. beim Spazierengehen oft problematische Gedanken wie von selbst auflösen und wir uns befreiter fühlen.

Diese Art der Stimulierung kann ganz bewusst durch verschiedene Techniken auch im Alltag bei konkreten Herausforderungen und Problemen eingesetzt werden. In Kombination mit Ressourcenübungen lenken wir unsere Aufmerksamkeit auf die hilfreichen Aspekte des Lebens und verbessern unsere Grundstimmung nachhaltig.

Nutzen Sie in Zukunft bewusst diese einfachen und schnellen Techniken, um mehr Lust und Leichtigkeit zu spüren und in Herausforderungen Ressourcen zu entdecken.

> *Man hilft den Menschen nicht, wenn man für sie etwas tut, was sie selbst tun könnten.*
> Abraham Lincoln

Die Techniken, die ich Ihnen im ersten Praxis-Kapitel vorstellen will (Ressourcen-Übungen), sind eine Kombination aus modifizierten EMDR-Techniken und anderen Methoden wie zum Beispiel NLP (neurolinguistisches Programmieren) oder sogenannte BiCo Tools, erfunden und geschützt von Andreas Zimmermann (Private Akademie für Psychologische Bildung).

Zum Teil setzte ich diese Methoden etwas abgewandelt schon sehr lange ein, bei meinen Seminargruppen und im Coaching. Erlernt habe ich sie bei meiner Referenten-Ausbildung, um bei Vorträgen und Seminaren ressourcenvoll auftreten zu können.

Zum Beispiel gibt es beim Lachyoga eine Klatschübung, die HOHO HAHAHA heißt. Hier lasse ich die Teilnehmer sich gegenseitig abwechselnd über Kreuz abklatschen und dabei »HOHO HAHAHA« rufen. Dabei werden beide Gehirnhälften stimuliert und durch die fröhliche, laute Art der Übung werden Ressourcen (Kraftquellen) konditioniert. Unter **Konditionierung** versteht man in der Psychologie das

Erlernen von Reiz-Reaktions-Mustern. Auf einen bestimmten Reiz folgt beim Organismus eine bestimmte Reaktion.

Das berühmteste Beispiel dazu ist wohl von Iwan Pawlow beschrieben. Er war Mediziner und beobachtete eher beiläufig, dass seine Versuchshunde bereits bei einem Glockenton, der die Fütterungszeit ankündigte, Speichel absonderten, egal, ob sie Futter sehen konnten oder nicht. Sie hatten offenbar gelernt, dass der Glockenton etwas mit Futter zu tun hat.

Üben Sie das Klatschen regelmäßig, es reicht oft schon aus, wenn Sie sich daran erinnern, und Sie fühlen sich genauso gut, als würden Sie wirklich klatschen. So gibt es einige Me-

thoden, um bilateral zu stimulieren, wie z. B. durch Winkbewegung, Joggen, Spazierengehen und natürlich das Klopfen. Die bevorzugte Art, die ich bei den Ressourcenübungen verwende, ist der sogenannte Butterfly, das Abklopfen über Kreuz.

Ressourcenübungen

Vor einigen Jahren hatte ich die Idee, Lachtherapie bei Angststörungen auszuprobieren. Ich lernte eine Zahnärztin bei einem meiner Seminare kennen und sprach sie an. Sie fand das Thema sehr interessant, weil sie ja ständig mit dieser Problematik bei ihren Patienten konfrontiert war, und so machten wir einen Termin in ihrer Praxis aus. Ich erinnere mich noch genau, dass an ihrem Empfang das Schild »Bitte lächeln« aufgestellt war. Das passte ja wie die Faust aufs Auge. Durch ihre Eigenerfahrung in meinem Seminar war sie mittlerweile nicht nur interessiert, sondern total begeistert von der Idee, dass ich mit denjenigen ihrer Patienten, die dafür offen waren, vor der Behandlung ein paar Lachyoga-Übungen mache. Wir vereinbarten, dies einmal in der Woche für drei Praxis-Stunden anzubieten. Die Resonanz war riesengroß. Viele Patienten freuten sich auf einen Erlebnis-Zahnarztbesuch.

Stellen Sie sich vor, die Patienten sitzen auf dem Behandlungsstuhl, und statt den Mund weit aufzureißen, wird erst mal kräftig gelacht. Das heißt die unangenehme Situation eines Zahnarztbesuches (ein unter Umständen angstauslösender Reiz) wird mit einer Ressource verknüpft. Das kann zu einem entlastenden Ergebnis führen, sodass der Patient sich stark genug und der Behandlung gewachsen fühlt. In Zukunft kann er also mit einem sicheren, entspannten Gefühl statt mit einem Angstgefühl zum Zahnarzt gehen.

Ressourcen sind die inneren Potenziale eines Menschen, also Fähigkeiten, Erfahrungen, Talente, Geschicke, Stärken, die einem oftmals gar nicht bewusst sind. Diese inneren

Kraftquellen können genutzt werden, um Veränderungen und Heilprozesse zu fördern.

Eine weitere Methode ist das »Verankern«, ein bekannter Begriff aus der Psychotherapie. Zum Verankern erinnert sich der Mensch an eine positive Situation, die mit besonders kraftvollen Sinneseindrücken angefüllt ist. Zum Beispiel gute Stimmungslagen, schöne bildhafte Erinnerungen, schöne Geräuschkulissen, Gerüche oder Körperwahrnehmungen. Diese besonders gute Stimmungslage, also Ressource, soll durch das Verankern auf eine bisher als unangenehm, ängstigend oder bedrohlich empfundene Situation übertragen werden, damit die Belastung sinkt oder kleiner wird, bzw. sich besser anfühlt.

In unserem Fall sind die Patienten vor der zahnärztlichen Behandlung von mir durch Lach- und Klatschübungen bilateral stimuliert und in ein Stimmungshoch gebracht worden. Und das auf demselben Stuhl, in dem sie sonst ein nicht so angenehmes Gefühl hatten. Auf demselben Stuhl in derselben Praxis, mit denselben Gerüchen und denselben Menschen wurde ein neues, kraftvolles Gefühl konditioniert. Bei der Behandlung erinnerten sich die Patienten daran und ihre Belastung wurde weniger, teilweise war sie komplett weg.

Hier sehen Sie dieses »Verankern«, »Konditionieren« als Schaubild. Die Belastung wird mit einer Ressource gekoppelt, bzw. eine Ressource wird auf die Belastung übertragen, verbindet sich und die Belastung sinkt. Regelmäßig trainiert, kann es dazu führen, dass die Belastung vollständig ausbleibt (Erklärungsmodell bilaterale Stimulation PAPB A. Zimmermann).

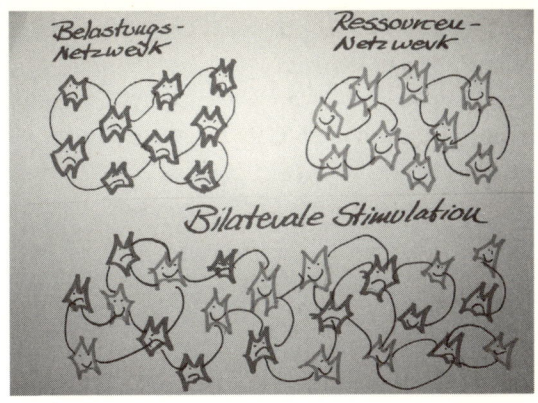

Sollten Sie in Zukunft Belastungen haben, mit denen Sie nicht zurechtkommen, Belastungen, die Sie über die Maßen anstrengen (also negativer Stress, es findet keine Erholung mehr statt), oder sollten Sie auf Dinge treffen, die Sie ändern wollen, setzen Sie nachfolgende Ressourcen- und Klopfübungen regelmäßig ein.

Sie können die Übungen natürlich auch präventiv oder als Ressource einsetzen, um Ihr Leben erfolgreicher zu gestalten. Nehmen Sie sich auf jeden Fall Zeit. Die Übungen sind zu wertvoll, um sie zwischen Tür und Angel zu machen.

Kraftvolles Schreiben
Schade, dass heutzutage nicht mehr viele Briefe per Hand geschrieben werden. Ich finde das Schreiben per Hand eine der schönsten Formen, Gedanken auf die Welt zu bringen. Vielleicht sogar mit einem besonderen Stift, der schön weich schreibt, oder mit einem, der ganz besondere Formen

schreibt, wie ein Kalligrafiefüller. Deswegen schreibe ich auch dieses Buch wie die anderen erst mal mit Hand vor, bevor ich es abtippe. Beim Schreiben mit der Hand entstehen meiner Meinung nach mehr Gefühle. Diese Gefühle möchte ich in Ihnen wecken, damit Sie folgende Übung regelmäßig machen. Ich nenne diese Übung **kraftvolles Schreiben**. Immer wenn ich merke, dass ich in einer schlechten Phase bin oder einen Durchhänger habe, und ich möchte oder muss schnell wieder auf der Höhe sein, setze ich mich hin und schreibe. Die Wirkung ist immens. Geist und Körper reagieren sofort. Das Programm »Lebensenergie und Stärke« wird angeregt. Je öfter Sie das machen, desto schneller schaltet das Gehirn auf diesen Modus.

Im Einzelcoaching ist diese Übung das A und O, um Menschen in einen kraftvollen Zustand zu bringen. Bitte nehmen Sie sich jetzt ein Blatt Papier, etwas Zeit und sorgen Sie dafür, dass Sie alleine sind.

Schritt 1

Schreiben Sie auf Ihr Blatt Papier die Frage: **Was sind meine Stärken?** Und nun listen Sie diese auf. Was können Sie besonders gut? Was unterscheidet Sie von anderen? Sogar Dinge, die Sie belasten, können Stärken sein. Die Stärke ist, dass Sie unter Umständen dieser Belastung schon lange trotzen, ihr standhalten. Was haben Sie für besondere Macken? Was haben Sie für Geschicke? Besinnen Sie sich Ihrer Einzigartigkeit. Das gibt Kraft!

Bitte schreiben Sie jetzt auf dasselbe Blatt die Frage: **Was läuft gut in meinem Leben? Was passt? Für was bin ich** dankbar? Kleine, wie auch große Dinge. Schreiben Sie auch diese auf Ihr Blatt!

Schritt 2
Legen Sie jetzt bitte das Papier vor sich und lesen **Sie sich selbst vor**, was Sie geschrieben haben. Lesen Sie Ihre Stärken und was in Ihrem Leben gut läuft, **laut vor!**

Schritt 3
Stimulieren Sie jetzt Ihre Ressourcen bilateral und konditionieren, also verankern Sie diese über Ihren Körper, indem Sie sich das Ganze noch einmal vorlesen, aber dabei den Butterfly wie auf Seite 46 im Bild beschrieben einsetzen. Lesen Sie und klopfen Sie Ihre Oberarme abwechselnd ab.

Wie fühlt sich das an? Gut, oder?

Wie oft haben Sie sich in den letzten Jahren auf Ihre Stärken besonnen? Auf das, was passt? Auf jeden Fall sollten Sie dies die nächsten sechs Wochen jeden Tag machen. Nehmen Sie sich eine kleine Auszeit dafür, Ihre persönliche Auszeit, und lassen Sie sich überraschen, was im Laufe der Zeit passiert!

Eine weitere tolle Übung möchte ich Ihnen jetzt vorstellen. Diese Übung ist absolut einfach und zeigt schnell Wirkung bei regelmäßiger Anwendung. Ich setze sie ein, um schlechte Angewohnheiten umzukehren.

Schreib-Drehtechnik-Übung

Schritt 1:
Nehmen Sie ein Blatt Papier. Lassen Sie rundherum ein bisschen Platz und schreiben Sie in der Mitte des Blattes das auf, was Sie aus Ihrem Leben verbannen wollen. Zum Beispiel **»Mangel raus«**.

Schritt 2:
Lesen Sie jetzt immer wieder Ihr Ziel laut vor und umkreisen Sie es ständig rechtsherum, als wollten Sie den Mangel ins Weltall hinausschleudern. Sie können dabei den Kopf mit einer leichten Rechtsbewegung drehen. Konzentrieren Sie sich immer wieder auf die Mitte und schleudern Sie den Mangel hinaus. 3–5 Minuten sollten Sie das machen, bis sich das Gefühl einstellt, dass es Ihnen leichter wird! Wichtig: Lassen Sie sich nicht ablenken, bleiben Sie ganz bei der Sache, auch wenn andere Gedanken auftauchen. Bleiben Sie bewusst bei dem, was Sie in die Mitte geschrieben haben!

Schritt 3:
Jetzt holen Sie sich das Kraftvolle in Ihr Leben. Wiederholen Sie den **Schritt 1 und 2**, jedoch schreiben Sie nun **»Fülle rein«** auf das Blatt. Nun lesen Sie wieder laut vor, konzentrieren und umkreisen das Ziel, **jedoch linksherum**, um es in Sie hineinzuziehen.

   3–5 Minuten wieder volle Konzentration! Spüren Sie, wie kraftvoll **»Fülle rein«** sich anfühlt?

Sie können auf diese Art und Weise alles entsorgen, was Sie loswerden wollen. Die Lücke, die entsteht, wird dann mit dem gefüllt, was Sie wirklich wollen, was Sie im Leben begeistert.

Diese Übung ist eine gute Eselsbrücke, um sich immer wieder auf die Ressourcen zu besinnen! Sie können in die Mitte auch ein konkretes Ziel schreiben, was Sie sich in Ihr Leben holen wollen.

Zum Beispiel ein berufliches zweites Standbein. Dann machen Sie nur Schritt 3. In der Mitte steht dann z. B. Heilpraktikerausbildung oder Lachyogatrainer/in.

Sie verankern bei regelmäßiger Wiederholung eine Ressource, die Ihnen Kraft gibt. Ich habe viele Feedbacks von Teilnehmern, die dadurch ihre hinderlichen Gewohnheiten durchbrechen konnten, wie zum Beispiel den Mangel. So programmieren Sie sich auf Fülle!

Kraftvolles Visualisieren

Wir können jederzeit selbst Bilder erzeugen, um eine Idee davon zu bekommen, wie das aussieht, was wir noch nicht genau kennen. Das Schöne dabei ist, dass Bilder starke Gefühle erzeugen; wenn wir wollen, sehr starke positive Gefühle. Unser geniales »Geistiges Auge« ist in der Lage, sich präzise geistige Bilder zu machen, die dann Gefühle auslösen. Das heißt: Wir können durch geistige Bilder unsere Gefühle steuern. Wenn wir wollen, können wir ein kraftraubendes Gefühl sofort durch das Visualisieren eines kraftvollen Bildes verändern. Und zwar hin zu einem hilfreichen, stärkenden Gefühl.

Ich möchte mich bei dieser Übung vor allem auf die schnelle und wirksame Veränderung Ihrer Gefühle konzentrieren und Ihnen zwei Möglichkeiten (Bilder) aufzeigen, die es Ihnen ermöglichen, sich jederzeit in einen kraftvollen Zustand zu versetzen, egal, wo Sie sind.

Schritt 1: Sicheren Platz visualisieren

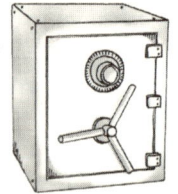

Setzen Sie sich bequem hin und atmen Sie tief durch. Schließen Sie dann die Augen und stellen Sie sich einen Ort vor, an dem Sie sich besonders sicher fühlen. Wo ist Ihr sicherer Platz im Leben? Jeder Mensch hat in der Regel so einen Ort. Wenn nicht, wo könnte dieser bei Ihnen sein? Stellen Sie sich einfach spielerisch einen Ort vor, an dem Sie sich sicher fühlen könnten.

Schritt 2: Was spüren Sie im Körper?
Wenn Sie diesen Platz gefunden haben, achten Sie als zweiten Schritt auf das Gefühl, das Sie bei diesem Bild empfinden. Wo ist es im Körper und wie fühlt es sich an? Augen schließen, Bild vorstellen, atmen und auf das Gefühl achten.

Schritt 3: Gefühl und Bild abspeichern
Noch einmal bequem hinsetzen, tief atmen, Augen schließen, Bild und Gefühl wahrnehmen, wenn möglich verstärken und mit dem Butterfly abspeichern.

Schritt 4: Wohlfühlplatz visualisieren
Die gleiche Übung können Sie auch mit Ihrem Wohlfühlplatz machen. Wo auf dieser Welt fühlen Sie sich besonders wohl? Wiederholen Sie die Schritte von der Übung »sicherer Platz«.

Praktizieren Sie auch diese Übung mindestens sechs Wochen. Am besten vor dem Aufstehen und Einschlafen. Je länger Sie üben, desto schneller gewöhnen sich Ihr Gehirn und Körper daran, und Sie können ein kraftraubendes Gefühl schnell, wirksam und nachhaltig verändern.

Einsatz: Ob Sie gehen, stehen oder liegen: Wenn Sie ein Gefühl haben, das Ihnen zu schaffen macht, setzen Sie diese Technik ein. Auch bei einem Albtraum oder bei jeglicher herausfordernder Situation im Leben. Holen Sie sich immer, wenn Sie wollen, Ihren sicheren Wohlfühlplatz herbei!

Lehrer beispielsweise können sich so einen kraftvollen Platz im Klassenzimmer suchen und abspeichern. Wenn Sie überlastet sind, stellen Sie sich auf so einen ressourcenvollen Platz, den Sie vorher als sicheren Platz visualisiert haben.

Ich verwende diese Technik für meine Referententätigkeit

sehr oft, um mir auf der Bühne bestimmte Plätze zu schaffen. Auf der linken Seite der Bühne fühle ich mich zum Beispiel sehr sicher, und dort sage ich Sachen, die mehr Mut erfordern. Auf der rechten Seite habe ich meinen Wohlfühlplatz installiert, dort bin ich voller Lebensfreude.

Die Imagination ist das wichtigste geistige Instrument zur Änderung unserer Realität!

Wenn Sie dieses Instrument schon lange nicht mehr benutzt haben, wird es Zeit, es wieder zu aktivieren. Hier noch eine einfache Übung:

Revue passieren lassen:
Schließen Sie Ihre Augen, entspannen Sie sich und erleben Sie noch einmal den Beginn des heutigen Tages. Das Aufwachen, Aufstehen. Stellen Sie sich es nicht nur vor, erleben Sie es mit all Ihren Sinnen. Das Geräusch der Dusche, den Geschmack der Zahnpasta, den Geruch des Rasierwassers oder Parfüms, den Duft des Kaffees, das Rascheln der Zeitung, das Geräusch des Autos beim Anlassen oder die Atmosphäre in der U-Bahn.

Abends vor dem Schlafengehen lassen Sie den Tag Revue passieren. An was erinnern Sie sich heute ganz besonders? Wie war das Gefühl dazu? Wenn es nicht so gut war, führen Sie die Übung »sicherer Platz« durch. Sie können sich aber auch die Frage zur Imagination stellen: Was war heute besonders schön? Für was kann ich dankbar sein?

So trainieren Sie Ihre Vorstellungskraft und schlafen mit einem tollen Gefühl ein! Es kann so einfach sein, sich gut zu fühlen!

Kraftvolles Bewegen

Wenn man bewusst darauf achtet, haben viele Menschen eine gekrümmte Körperhaltung ohne Spannkraft! Sie ab jetzt natürlich nicht mehr, da Sie die Haltungsübung (siehe Seite 26) regelmäßig machen und sich die nun folgenden Übungen zu Herzen nehmen und regelmäßig üben. Sie werden aktiv und bewegen sich regelmäßig kraftvoll.

Nach einer Weile hat sich Ihr Gehirn daran gewöhnt und macht das automatisch, so wie wir als Kinder. Das Schöne dabei ist, die Übungen machen auch noch jede Menge Spaß. Viel Spaß!

Gleichgewicht üben:
Stellen Sie sich auf ein Bein und versuchen Sie, das Gleichgewicht zu halten.

Zählen Sie jetzt bis 30, wechseln Sie dann das Bein und nun zählen Sie 30 rückwärts.

Sollten Sie noch etwas zittrig sein, können Sie auch am Anfang die Zehen noch leicht auf dem Boden abstellen.

Sollten Sie diese Übung schon gut können, schreien Sie, wenn Sie mit dem Zählen fertig sind, »Hurra geschafft«, und strecken Sie das gehobene Bein und die Arme nach oben.

Unser Gehirn mag diese Übung sehr gerne. Besonders das Kleinhirn wird hoch aktiv.

Es signalisiert, dass das körperliche Gleichgewicht gerade wieder hergestellt wird, und das wirkt sich natürlich auch positiv auf unsere Gefühle aus.

Gehen wie ein Affe (breitbeinig):
Kinderleicht – so haben wir alle das Gehen gelernt. Das macht richtig Spaß!

Fangen Sie wieder an, breitbeiniger zu gehen!

Stellen Sie sich vor, Sie wären ein Affe, gehen Sie breitbeinig und schwanken Sie dabei bewusst hin und her. Ihr Gehirn registriert das und schaltet auf Modus »Gleichgewicht, alles in Ordnung!«.

Probieren Sie es jetzt gleich einmal, egal, wo Sie sind.

Diese Übung können Sie jederzeit anwenden. Im Büro, auf dem Weg zur Arbeit, beim Wandern und Spazierengehen. Sie bringt sofort ein Gefühl der Stabilität!

Wäre doch schade, das nicht öfters zu nutzen, oder?

Machen Sie diese Übung auch mit anderen Menschen zusammen, bis sie Ihnen eine wunderbare Angewohnheit geworden ist!

Schlendern

Schlendern Sie wieder! Wie das geht? Ganz einfach!

Gehen oder stehen Sie und lassen Sie beide Arme übertrieben stark schwingen. Beginnen Sie mit einem kurzen Schwung, und verlängern Sie diesen so weit wie möglich. Die Arme richtig schön hin- und herschwingen, bis sich ein Gefühl der Leichtigkeit, des Beschwingtseins einstellt. Der Stress hat da kaum Chancen. Das Gehirn meldet Leichtigkeit, weil sich die Arme locker anfühlen. Mut und Zuversicht kommen auf.

Stampfen
Können Sie sich erinnern? Sie wollten nicht das machen, was Ihre Eltern wollten! Da kam es schon mal vor, dass wir mit den Füßen auf den Boden gestampft haben, oder? Stampfen macht mutig und stark! Die Reflexzonen an den Füßen werden stimuliert und der ganze Körper angeregt. Beidseitiges Stampfen bringt einen stabilen Rhythmus in unseren Körper. Es macht uns frisch und kraftvoll. Urvölker machen dieses Stampfen als Ritual, um sich in einen absolut ressourcenvollen Zustand zu versetzen. Warum sollen wir das nicht auch nutzen?

Machen Sie folgende Übung, wenn Sie sich schlapp und ausgepowert fühlen.

Stampfen Sie auf der Stelle hin und her. Heben Sie abwechselnd den linken und rechten Fuß, und stampfen Sie einen gleichmäßigen Rhythmus. Setzen Sie so viel Kraft ein, wie es sich für Sie gut anfühlt. Üben Sie jeden Tag ein paar Mal, 2–3 Minuten lang. Erweitern Sie das Training als Pause beim Spazierengehen oder auch beim Treppensteigen. Kleiner Aufwand – große Wirkung. Sie merken wieder, es kommt auf viele kleine, kraftvolle Schritte im Leben an, die dann das ergeben, was wir alle suchen: ein Gefühl des Mutes und der Fröhlichkeit!

Siegerpose – Strecken und Dehnen
Machen Sie es wie die Katze! Strecken und dehnen Sie sich! Machen Sie sich groß und breit! Ihr Gehirn bekommt die Botschaft: »Ich fühle mich selbstbewusst und stark«.

Wenn ich krumm und bucklig dasitze oder -stehe, kann

ich nicht richtig atmen, und mein Gehirn fährt auf Sparflamme. Das wirkt sich intensiv auf mein Körpergefühl aus. Ich fühle mich klein und ängstlich. Besonders wenn wir gestresst sind, kann man das bei vielen Menschen beobachten. Die Muskulatur spannt sich an, und die Blutbahnen verengen sich, das Zusammenziehen verursacht Schmerzen und Unbeweglichkeit.

Machen Sie diese Übung ganz regelmäßig. Morgens, mittags, abends und wann immer Sie merken, dass Sie irgendetwas negativ anspannt. Egal, wo Sie sind. Im Büro, im Bett, in der Küche, bei Freizeitaktivitäten.

Strecken und dehnen bringt sofort Power!

Kraftvolles Sprechen
Sprache kann uns Kraft rauben, und Sprache kann uns aufbauen, je nachdem.

Eigentlich wollte ich Ihnen jetzt eine Geschichte erzählen, die zum Thema passt, jedoch **muss** ich **aber** jetzt noch **schnell** vorher **etwas** erledigen, um ein **bisschen** an der Geschichte zu feilen. **Entschuldigen Sie, hoffentlich darf ich,** obwohl das alles keinen Sinn macht, **bloß** keinen Fehler machen, damit nur keiner merkt, was die wahre Geschichte von »Ich werde es versuchen« ist. Kennen Sie diese Unworte!?

Eigentlich, wollen, müssen, aber, schnell, entschuldigen, hoffentlich, darf ich, bloß, werde versuchen usw., um nur einige der Unwörter zu nennen, die Kraft rauben.

Das Wort »**eigentlich**« ist oft ein Hinweis darauf, dass wir uns selbst bei einer Aussage **belügen.**

Worte wie **»schnell«** und **»müssen« machen Druck. Dauerdruck macht krank.** Ein Beispiel ist das Burn-out-Syndrom.

Da ich als Redner sehr stark darauf achte, was ich zu den Teilnehmern sage, ist es mir zur Gewohnheit geworden, auf meine Worte und meine Stimme zu achten. Mir ist es ein großes Anliegen, dass Sie ebenfalls darauf achten, wie Sie mit sich selbst und anderen Menschen sprechen. Sie können sich und andere regelrecht krank reden.

Eine der wichtigsten Grundregeln beim Sprechen ist, nicht aus der Opferrolle zu sprechen: **Warum passiert mir das?** Reden Sie aus der Täterrolle: **Was kann ich tun?**

Wenn Sie das beherzigen, werden Sie merken, dass sich Ihre ganze Wortwahl und Satzkonstruktion verändert. Wenn wir Angst, Zweifel haben oder uns Sorgen machen, sprechen wir automatisch in der Opferhaltung mit vielen Füllwörtern, die uns Kraft und Energie rauben.

Vielen Menschen ist so buchstäblich das Lachen vergangen. Sie sagen: Es gibt ja eh nicht viel zum Lachen im Leben. Bei der Arbeitslage brauche ich gar nicht anzufangen zu suchen. Ich krieg die Krise. Könnte ich doch noch mal von vorne anfangen.

Andere Menschen können trotz allem lachen. Sie sagen: Seitdem ich dankbarer für die kleinen Sachen bin, lache ich wieder mehr. Die momentane Arbeitslage interessiert mich nicht, ich besinne mich auf meine Stärken und suche aktiv Marktnischen. Das Leben ist schön. Ich fange neu an und überwinde meine Ängste.

Merken Sie den Unterschied!?

Folgende Übung schlage ich Ihnen für kraftvolles Sprechen vor: Nehmen Sie sich die nächsten sechs Wochen jeweils zehn Minuten pro Tag Zeit, um »Wort zu fasten«. Wie geht das?

Schreiben Sie sich Sätze auf, die Sie öfter sprechen, oder Sprachwendungen, die Sie häufig verwenden wie »Ich krieg die Krise« zum Beispiel.

Nehmen Sie diese Sätze und Sprachwendungen und formulieren Sie diese, wenn es **kraftraubende** sind, in **kraftspendende** um. Weg von der Opferhaltung! Fangen Sie mit wenigen Sätzen an. Glauben Sie mir, kleine Korrekturen an Ihrem Vokabular wirken Wunder. Es ist eine Ihrer größten Ressourcen.

Als Unterstützung möchte ich Ihnen eine kleine Auflistung als Beispiel von kraftraubenden Worten und kraftgebenden Worten geben. Bitte sprechen Sie beide Arten der Worte einmal laut aus und konzentrieren Sie sich auf die Schwingung und Sie spüren, warum in der Bibel steht: »**Die Zunge hat Macht über Leben und Tod. Wenn du an der Sprache Freude hast, kannst du viel durch sie erreichen.« (Sprüche 18, 21)**

Kraftraubende Beispiele:
am Boden zerstört, ich hasse es, das stinkt mir, das war zu viel des Guten, überfordert, schrecklich, beleidigt, erschöpft

Neutrale oder kraftgebende Beispiele:
ich ziehe etwas anderes vor, zeitweilig aus dem Tritt, ich habe zahlreiche Chancen, falsch interpretiert, ich will auftanken

Lesen Sie die Beispiele und spüren Sie den Unterschied.

Deshalb legen Sie die nächsten sechs Wochen regelmäßig noch folgende Übung drauf:

Übung: Der Kraftgeber
Werfen Sie die Hände nach oben und schreien Sie kraftvoll:
»Mei, geht's mir guat!«
Wiederholen Sie das Ganze dreimal. Machen Sie die Übung, sooft Sie können, und spüren Sie, dass langsam, aber sicher eine positive Veränderung stattfindet! Warum ich das weiß?
Ich habe es an Tausenden von Menschen ausprobiert, die mir berichten, dass sie dadurch bewusst dankbarer geworden sind, weil sie spüren, dass Sorgen und Probleme, die wir uns selbst machen, oft völlig überzogen und nicht notwendig sind! Take it easy!

Klopftechnik – Klopfen hilft

Das Kapitel Ressourcenübungen hat Ihnen gezeigt, wie Sie durch einfache Techniken anfangen können, Lebensenergie, Lebensfreude und Lebensmut zu aktivieren. Die Einfachheit im Leben macht den Unterschied. Sie brauchen niemanden dazu. Welche Freiheit! Aber diese Freiheit hat ihre Schattenseiten. Da gibt es nämlich noch den inneren Schweinehund. Ein Kollege von mir, Karl Pilsl, sagt dazu »Tante Miezi«. Die Tante Miezi ist die Stimme in uns, die sich immer dann meldet, wenn eintrainierte Muster, die in unserem machtvollen Unterbewusstsein ihre Berechtigung gefunden haben, angegriffen werden. Du kannst nicht, du sollst nicht, letztes

Mal hat es auch nicht geklappt, was denken die anderen, schon wieder so ein Humbug, hat doch eh keinen Sinn usw. Eines meiner Lieblingszitate drückt genau das aus, was Tante Miezi mit den guten Vorsätzen macht, auch wenn es absolut sinnvoll wäre, sie trotzdem auszuprobieren.

> *Das Rauchen aufzuhören ist das Einfachste von der Welt. Ich habe es schon hundertmal getan.*
> Mark Twain

Unser Unterbewusstsein ist viel stärker als unser Bewusstsein. Haben wir etwas einmal eintrainiert, wie zum Beispiel das Rauchen, sitzt das Muster und lässt sich in der Regel nur mit viel Anstrengung und Durchhaltevermögen verändern. Ich möchte Ihnen ein Beispiel geben. Wenn wir beginnen, Auto zu fahren bzw. den Führerschein zu machen, haben wir meist große Probleme, die vielen Dinge zu berücksichtigen, die notwendig sind, um das Fahrzeug sicher durch die Straßen zu steuern. Gas geben, kuppeln, lenken, in die verschiedenen Spiegel schauen und auf den Verkehr achten. Ja, um Himmelswillen, wie soll denn das gehen? Im Laufe der Zeit lernen wir aber durch Übung, diese vielen verschiedenen Vorgänge alle fast auf einmal zu bewältigen. Das führt sogar so weit, dass wir uns beim Autofahren bequem mit jemand anderem unterhalten können. Unser Unterbewusstsein funktioniert automatisch.

Übertragen auf ein anderes Beispiel: Wenn ein Mensch sich die Überzeugung antrainiert hat, dass das Leben voller Sorgen, Ängste, Zweifel und Negativität ist – was ihm vielleicht auch die Eltern oder andere Menschen vorgelebt haben –, wird es für ihn sehr anstrengend sein, das Leben nun verspielt, voller Neugier und Enthusiasmus wahrzunehmen. Sein Unterbewusstsein spielt immer mit dem antrainierten Verhalten im Leben mit. So wie beim Autofahren unbewusst alle Vorgänge automatisch funktionieren, ohne dass ich mir darüber Gedanken mache.

> *Deine Überzeugungen werden deine Gedanken*
> *Deine Gedanken werden Worte*
> *Deine Worte werden dein Handeln*
> *Dein Handeln wird zu deinen Gewohnheiten*
> *Deine Gewohnheiten werden zu deinen Werten*
> *Deine Werte werden zu deiner Bestimmung.*
> Mahatma Gandhi

Schaut ja nicht so rosig aus! Was unsere Überzeugungen sind, teilweise gar nicht unsere eigenen, sondern die unserer Eltern oder Vorbilder, wird unsere Bestimmung im Leben, unser Schicksal! Wie soll ich meine Ressourcen aktivieren oder ausbauen, wenn ständig Tante Miezi in Form von alten, nicht förderlichen Verhaltensmustern an Bord ist!?

Seit über einem Jahrzehnt bin ich damit beschäftigt, das herauszufinden. Da dieses Buch Ihre Ressourcen aktivieren soll, möchte ich Ihnen eine tolle Technik vorstellen, die mich tief überzeugt hat. Wir müssen an kraftraubenden Verhaltensmustern nicht verzweifeln. Es gibt Methoden, die nicht anstrengend sind, sondern spielerisch und nur regelmäßige Wiederholung brauchen. Da ich von dieser Methode sehr profitieren konnte und viele Menschen kenne, denen es ebenso ging und geht, möchte ich sie Ihnen ans Herzen legen. **Der Schlüssel dazu ist**, dass wir nicht mehr gegen Tante Miezi ankämpfen, sondern sie mit ins Boot holen, denn Tante Miezi ist ja ein Teil von uns. Sie möchte einfach an unserem Leben teilnehmen und nicht mit schlechtem Gewissen mitgeschleppt werden. Tante Miezi braucht auch Aufmerksamkeit, denn sie hilft uns ja auch manchmal, dass wir nicht zu viel Blödsinn im Leben machen!

Die Technik heißt als geschützter Begriff EFT (**Emotional Freedom Techniques,** deutsch: Technik(en) der Emotionalen Freiheit). Als ich diese Technik erlernte, wurde mir klar, dass meine Überzeugung, dass etwas zu verändern immer schwer sein müsse, nicht der Wahrheit entspricht. Durch EFT, die ich einfach als Klopftechnik vorstelle, erkannte ich, dass meine Überzeugung (»Veränderung geht nicht so einfach und ist anstrengend«) mich bisher zurückgehalten hatte, einfache Dinge in meinem Leben auszuprobieren. Letztlich sind es der Glaube, das Vertrauen und die spielerische Herangehensweise an diese Technik, die den Erfolg bringen, so wie auch bei den schon beschriebenen Übungen. Die Klopftechnik können Sie überall schnell durchführen ohne aufzufallen. Mir und vielen Menschen ist sie ein treuer Begleiter geworden, um Ressourcen zu aktivieren, wenn das Leben mal nicht so erquicklich ist bzw. ich in Situationen kraftvoll sein muss, es aber zunächst nicht bin.

Die im Folgenden beschriebene Technik ist das Grundrezept des EFT. Sollten Sie Gefallen daran finden, gibt es die Möglichkeit, in die Tiefe zu gehen und den Hinweisen zum Schluss des Buches zu folgen. Bitte beachten Sie auch bei diesem Kapitel, dass diese Methode bei Beschwerden keinen Arztbesuch ersetzt. Allerdings habe ich bei mir selbst und anderen Menschen auf erstaunliche Weise gesehen, dass sich teils innerhalb weniger Minuten Schmerzen, Ängste sowie auch komplexere körperliche und seelische Symptome in Nichts auflösten.

Also klopfen wir zusammen mit Tante Miezi das Grundrezept des EFT, eine einfache Selbsthilfemethode. Im Fall der Klopftechnik ist Tante Miezi das, was wir im Leben meistens verneinen, also körperliche und seelische Symptome wie Angst, Stress, Schmerz, Sorgen, Unwohlsein, zwischenmenschliche Probleme, Minderwertigkeitsgefühl, Unverträglichkeiten und noch viel mehr. Man nimmt beim EFT an, dass praktisch allen physischen und psychischen Symptomen eine Störung des Energiesystems des Körpers zugrunde liegt.

Auf den Punkt gebracht basiert die Methode darauf, mit unseren Fingern bestimmte Energiesammelpunkte (Meridiane) des Körpers in einer festgelegten Reihenfolge abzuklopfen und sich auf ein bestimmtes Problem einzustimmen.

Dabei werden Sätze gesprochen, die sich auf das Problem beziehen. Es wird angenommen bzw. ich kann Ihnen das durch lange Übung bestätigen, dass durch das manuelle Klopfen auf die Energiepunkte Energie geschickt wird, die das angesprochene Problem beseitigt.

Schritt 1: Problem definieren
Wählen Sie ein Problem, das Sie lösen möchten oder gerade spüren, ein körperliches Symptom wie Zahnschmerz, Kopfweh oder ein psychisches Symptom wie Angst. Wenn Sie ein Problem lösen möchten, das gerade nicht konkret präsent ist, stellen Sie sich es so gut wie möglich bei geschlossenen Augen vor, wie z. B. Ärger mit dem Nachbarn.

Schritt 2: Belastung einordnen
Wie hoch ist der Stress, die Schmerzen, die Angst gerade?

Stufen Sie die Belastung, die Ihnen dieses Problem momentan macht, auf einer Skala von 0 bis 10 ein. 0 steht für keine Belastung, 10 für maximale Belastung.

☹
10	4
9	3
8	2
7	1
6	0
5	☺

Schritt 3: Problem benennen und Affirmation bilden

Benennen Sie jetzt das Problem genau und bilden Sie einen Satz. Es ist wichtig, dass Sie das Problem möglichst spezifisch und genau benennen, um die Effektivität des nächsten Schrittes, der Klopfaffirmation, zu steigern.

In unserem Beispiel mit den Kopfschmerzen und der Angst wären die Affirmationen:

Auch wenn ich jetzt diese unerträglichen Kopfschmerzen habe, ...

Auch wenn mir jetzt schwindlig ist vor lauter Angst, ...

Auch wenn mich mein Job stresst, ...

Der erste Teil der Affirmation sind also Dinge, Situationen und Gefühle, die wir nicht haben wollen. Und jetzt kommt das Entscheidende, die Ressource, dazu:

.... **nehme ich mich voll und ganz an, so wie ich bin.**

Was passiert? Ich nehme Tante Miezi mit ins Boot (das was mich belastet) und akzeptiere mich trotzdem voll und ganz so wie ich bin.

Damit fangen Sie an, sich nicht immer selbst in die Pfanne zu hauen. Man nennt das psychologische Umkehr. Sich, egal, was ist im Leben, trotzdem wertzuschätzen und zu akzeptieren. Man könnte auch sagen, Humor ist, wenn man trotzdem lacht, aber dazu kommen wir ja noch am Ende des Buches.

Schritt 4: Klopf-Affirmation und Erinnerungssatz

Bevor wir jetzt die 8 Klopfpunkte des Grundrezeptes anschauen und klopfen, kommen wir noch zum Ablauf der ganzen Klopfsequenz. Die Klopf-Affirmation ist nichts anderes, als dass wir jetzt unseren Affirmationssatz sprechen und gleichzeitig 8 Energiepunkte (Meridiane) mit den Fingern abklopfen oder massieren. Es wird aber noch einfacher: Sie brauchen nur beim ersten Energiepunkt den ganzen Satz zu sprechen und können bei den anderen Punkten nur einen kurzen Erinnerungssatz verwenden.

Der Erinnerungssatz bei unseren drei Beispielen wäre:

Diese unerträglichen Kopfschmerzen
Dieser Schwindel und die Angst
Dieser belastende Job

Tipp: Je nach Belastung machen Sie 1–3 Durchgänge. Immer beim Energiepunkt 1 die ganze Affirmation sprechen und bei den anderen Punkten 2–8 den Erinnerungssatz. Als hilfreich erwiesen hat sich, wenn man mehrere Durchgänge macht, die Stimme zu heben und die Sätze lauter zu sprechen.

So, und jetzt geht es los!

Schritt 5: Klopf-Sequenz und Wiederholungen

Für folgende Klopfsequenz verwende ich nur noch das Beispiel Kopfschmerzen.

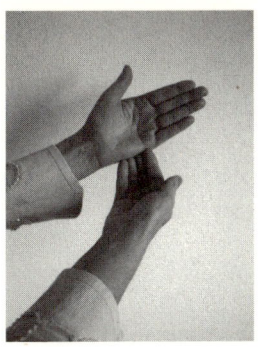

Energiepunkt 1 klopfen und gleichzeitig dreimal sprechen:
Auch wenn ich jetzt diese unerträglichen Kopfschmerzen habe, nehme ich mich voll und ganz an, so wie ich bin!

Energiepunkt 2 klopfen und gleichzeitig dreimal sprechen:
Diese unerträglichen Kopfschmerzen

Energiepunkt 3 klopfen und gleichzeitig dreimal sprechen:
Diese unerträglichen Kopfschmerzen

Energiepunkt 4 klopfen und gleichzeitig dreimal sprechen:
Diese unerträglichen Kopfschmerzen

Energiepunkt 5 klopfen und gleichzeitig dreimal sprechen:
Diese unerträglichen Kopfschmerzen

Energiepunkt 6 klopfen und gleichzeitig dreimal sprechen:
Diese unerträglichen Kopfschmerzen

Energiepunkt 7 klopfen und gleichzeitig dreimal sprechen:
Diese unerträglichen Kopfschmerzen

Energiepunkt 8 klopfen und gleichzeitig dreimal sprechen:
Diese unerträglichen Kopfschmerzen

Noch einmal im Überblick
Klopfpunkt Handkantenpunkt
Klopfpunkt Augenbrauenpunkt
Klopfpunkt seitlich des Auges
Klopfpunkt unter dem Auge
Klopfpunkt unter der Nase
Klopfpunkt unter der Unterlippe
Klopfpunkt Schlüsselbeinpunkt
Klopfpunkt unter dem Arm

Wiederholung:

Machen Sie nach dem ersten Durchgang einen Belastungscheck. Schließen Sie die Augen und spüren Sie, wie sich jetzt in Bezug auf Ihr Problem die Belastung auf der Skala von 0–10 anfühlt. Hat sich Ihre Belastung auf der Belastungsskala von 0–10 verändert? Wenn Sie nicht zufrieden sind, wiederholen Sie den Durchgang. Ich mache in der Regel immer drei Durchgänge und verändere den Erinnerungssatz wie beschrieben und spreche diesen nur noch einmal.

Dann schließen Sie wieder die Augen, spüren der Übung nach und nehmen den Unterschied der Veränderung wahr. Wenn sich Ihre Belastung gesenkt hat, wie weit auch immer, feiern Sie! Sie haben einen Selbstheilungsprozess angeregt! Je öfter Sie diese Technik einsetzen, desto mehr wird die Tante Miezi in Ihrem Leben mit Ihnen arbeiten und nicht gegen Sie!

Wenn Ihnen das EFT-Grundrezept durch Wiederholung vertraut geworden ist, werden Sie feststellen, dass Sie für alle drei Durchgänge nicht mehr als 3–4 Minuten benötigen und ebenso schnell der Lösung Ihres Problems näherkommen. Wie schon erwähnt, geht es mir darum, dass Sie spielerisch an die Methode herangehen. Je lockerer Sie üben, egal wo Sie sind, desto besser. Testen Sie ruhig andere Rhythmen. Manchmal verwende ich nur den Handkantenpunkt mit drei Durchgängen. Ich habe das durch jahrelange Wiederholung schon so konditioniert, dass es manchmal ausreicht, an das Klopfen zu denken, und die Belastung verschwindet. Viele Belastungen, die man mit der Klopftechnik bearbeitet, verschwinden dauerhaft. So kann man sich eine Liste erstellen, die alle Belastungen des Lebens aufführt, und anfangen, eine nach der anderen auf diese Weise abzuarbeiten. Dass das Leben immer neue Herausforderungen mit sich bringt, gerade in der heutigen schnelllebigen Zeit, versteht sich von selbst. Haben Sie sich mit dem EFT mal angefreundet, haben Sie ein absolut wirkungsvolles Selbsthilfemittel, um künftigen Herausforderungen in Ihrem Leben gelassener zu begegnen. Viele Menschen haben die Klopfmethode EFT schon als eine Art Ritual in ihr Leben integriert. Sie ist zu jeder Zeit, an jedem Ort, von jedem erlernbar und durchführbar. Die besten Voraussetzungen für ein Ritual.

Rituale

Blumen stehen auf dem Tisch. Sie schenken Freude, Trost, Anerkennung, Lob, Liebe, Versöhnung und noch eine Vielzahl an gefühlvollen Wünschen. Ich kann mir vorstellen, dass Blumenschenken eines der häufigsten und wirkungsvollsten Rituale ist, die es überhaupt gibt. Ein schönes Ritual, das wir regelmäßig in meinen Seminaren machen, ist das Komplimente-Machen. Sie begegnen zum Abschluss des Seminars anderen Teilnehmern, und die Aufgabe ist, in der Frau den männlichen Anteil hervorzuheben und bei dem Mann den weiblichen Anteil. Dieses Hervorheben erfolgt, indem ich der Frau einen schönen Männervornamen gebe und dem Mann einen schönen Frauenvornamen, sagen wir, Lucas und Hermine. Die Frau mit dem Namen Lucas begegnet jetzt dem Mann mit dem Namen Hermine, und beide tauschen Komplimente aus, die zu den Eigenschaften des Namens passen. Also Lucas (der ja eine Frau ist) bekommt beispielsweise Komplimente für ihren schönen Vollbart, und Hermine (die ja ein Mann ist) bekommt Komplimente für ihre außergewöhnlich schöne Dauerwelle. Sie sollten mal dabei sein: Die Teilnehmer sind nach anfänglicher Zurückhaltung in ihrer Kreativität kaum zu überbieten. Würde diese Übung im wahren Leben angewandt, würden sich Mann und Frau, glaube ich, wesentlich besser verstehen. Das ist eine tolle kreative Humorübung, die zum Abschluss noch mal ein absolutes Highlight darstellt, ein Ritual.

Ein weiteres tolles Ritual ist oftmals bei Unternehmen im

asiatischen Raum zu beobachten. Bevor alle an die Arbeit gehen, machen sie Entspannungsübungen.

Mein Ziel ist, Sie in diesem Kapitel zu motivieren, öfter Rituale einzusetzen, besonders dann, wenn Sie Ihr Leben positiv verändern wollen. Was machen Rituale mit uns?

Rituale schaffen einen Abschluss und ermöglichen einen Neubeginn
Wenn wir das Vergangene nicht bewusst hinter uns lassen, können wir nicht ganz im Hier und Jetzt sein. Wir sind für das Neue nicht offen. Wenn wir z. B. den Arbeitstag nicht bewusst abschließen, wird er uns in den Schlaf hinein begleiten, möglicherweise sogar im Schlaf verfolgen. Der Tag wird in die Nacht hineinwirken. Wir beginnen dann den nächsten Tag unfrei, wie mit einer Last beladen und kaum offen für das Neue und Positive, das dieser neue Tag bringen wird. Oder die nicht abgeschlossene Arbeit wirkt sich negativ auf unsere Beziehungen aus. Wir sind zwar physisch bei unserer Familie oder unseren Freunden, aber in Gedanken sind wir noch in der Arbeit. Wir können uns auf das Hier nicht wirklich einlassen. Wenn wir die Tür zum Vergangenen durch ein Ritual bewusst schließen, sind wir bereit und frei für einen Neubeginn.

Rituale geben Struktur
Oft finden sich persönliche Rituale an den typischen Übergängen und Brüchen des Alltags. Zum Beispiel konnte meine Seminarteilnehmerin, wie schon ausgeführt, durch das Anzünden einer Kerze abends nach der Arbeit einen kraft-

vollen Übergang schaffen. Durch den achtsamen Umgang mit diesen Übergängen und Brüchen schaffen wir eine bewusste Struktur für unser Leben. Wir schaffen Ankerpunkte. Das Leben zieht nicht einfach wie ein Schnellzug an uns vorbei, sondern wir nehmen die Übergänge bewusst und aktiv wahr. Wir schaffen damit persönliche Rückzugsbereiche, die dem Zugriff anderer entzogen sind. Wir schaffen Räume, in denen wir atmen können. Gerade wenn wir in einer Umgebung arbeiten, die unstrukturiert ist oder deren Strukturen sich oft und unvorhersehbar ändern, können persönliche Rituale Struktur schaffen, das Gefühl der persönlichen Freiheit stärken und uns innerlich widerstandsfähiger gegenüber der sich schnell verändernden Umwelt machen.

Rituale machen uns achtsamer
Bewusst erlebte Rituale führen zur Entschleunigung unseres Lebens. Wir drosseln die Geschwindigkeit, die Hektik und den Druck des Alltags und haben eine Gelegenheit, um unseren eigenen Empfindungen und Reaktionen nachzugehen. Typische Beispiele dazu sind in vielen Büros die Kaffeepausen oder im privaten Bereich die Auszeit bei Sportarten. Wir gewinnen eine gewisse Distanz und werden von Gefühlen, Gedanken und Impulsen weniger vereinnahmt. Signale unseres Körpers, unseres Geistes und unserer Seele, die im Alltagsgeschehen untergehen, können wahrgenommen werden. Durch diese innere Achtsamkeit werden wir freier, sehen mehr Wahlmöglichkeiten und können mit mehr Besonnenheit handeln.

Rituale stärken meine Persönlichkeit

Wenn ich den Tag mit meinem persönlichen Ritual beginne, schenke ich mir Wertschätzung. Ich nehme mich, meinen Tag und mein Leben wichtig. Ich erlebe mich als Gestalter meines Lebens und schaffe mir bewusst Freiräume, in denen ich mich als einzigartiges Individuum wahrnehme. Wenn ich das Ritual und mich in ihm bewusst erlebe, komme ich mit mir selbst in Berührung und bin in meiner Mitte. Ich spüre, dass ich eine Bedeutung auf dieser Welt habe, die unabhängig davon ist, was ich leiste oder was mir gelingt.

Rituale geben Kraft

Im normalen Alltag ist unsere Aufmerksamkeit meist nach außen gerichtet. Wenn wir den Alltag durch ein Ritual unterbrechen, werden wir frei von Druck und äußeren Zwängen. Ich rate dazu, regelmäßig am Arbeitsplatz kurze Gymnastikeinheiten zu machen, wie z.B. unsere Ressourcenübung »Dehnen und Strecken«.

Wenn wir mit einem Ritual innehalten und die Zeit bewusst erleben, wird uns klar, was für ein Wunder unsere Existenz ist. Wir sehen die Zeit nicht mehr als unseren Gegner, der durch Planung und Organisation zu bezwingen ist, sondern als unseren Freund, der das Recht hat, das Leben zu genießen. Wir sehen den einzelnen Tag nicht mehr als ein zu bewältigendes Hindernis, sondern als ein wunderbares Geschenk, das uns einlädt, es mit zu gestalten.

Merkmale eines Rituals

Rituale sind symbolhafte Handlungen, die sich durch bestimmte Merkmale von anderen Handlungen unterscheiden. Sie haben einen bestimmten Rahmen und sind wiederholbar. Rituale haben meist einen eindeutigen Anfang und ein ebenso eindeutiges Ende, oft auch einen Höhepunkt.

Die folgenden Beispiele sollen als Anregung dienen:
Körperlich (Wenn Sie viel sitzen müssen!)

Symbolische Handlung: Wir laufen die Treppe, statt immer mit dem Fahrstuhl zu fahren.

Bestimmter Rahmen: Treppe statt Fahrstuhl, am Beginn, in der Mitte und am Ende des Tages.

Anfang, Ende, Höhepunkt: Treppenanfang, Treppenende, Steigerung jeden Tag ein Stockwerk mehr oder etwas zügiger.

Oder: Fahren Sie mit dem Fahrrad/Gehen Sie zu Fuß zur Arbeit.

Mein schönstes Körperritual ist die tägliche 10-Minuten-Gymnastik. Die Sinnhaftigkeit dieser Handlung steht hierbei absolut im Vordergrund. Es ist für mich keine Gewohnheit, sondern eine ganz bewusste Entscheidung, den Tag über meinen Körper beginnen zu lassen, den Körper zu spüren und dankbar für ihn zu sein. Mir macht es ganz besonders Spaß, die Schuhe im Bücken zu binden. Ich möchte auch meine Schuhe mit 80 noch binden können, indem ich mich bücke und mich nicht setzen oder den Schuhlöffel gebrauchen muss. Für mich ein tolles Ritual. Symbolisch will ich auf Bequemlichkeit verzichten, da ich dadurch gelenkiger bleibe. Der Rahmen ist da, wo ich die Schuhe ausziehe. Der Anfang das tiefe Bücken, das Ende und der Höhepunkt, wenn die Schuhe gebunden sind und ich mich freue, wieder oben zu sein.

Wir sehen, es gibt auf allen Ebenen Möglichkeiten, Rituale einzubauen. Es sind wie schon mehrfach erwähnt die kleinen Schritte, die etwas Machtvolles entstehen lassen. Hier noch einige Beispiele für den Alltag.

Wenn Sie viel stehen müssen
- ☺ Machen Sie regelmäßige Lockerungs- und Dehnungsübungen.

Psychisch
- ☺ Üben Sie täglich zehn Minuten eine Ressourcentechnik Ihrer Wahl.
- ☺ Pflegen Sie täglich berufliche und private Beziehungen. Bauen Sie sich ein Netzwerk sozialer Unterstützung auf.
- ☺ Verwöhnen Sie sich mit Kleinigkeiten.

Essen und Trinken
- ☺ Stellen Sie gesunde Lebensmittel zur Verfügung: Müsli, Obst, Nüsse usw.
- ☺ Kochen Sie gleich zu Arbeitsbeginn eine Kanne Kräuter- bzw. Früchtetee und trinken Sie diese bis zum Mittag, stellen Sie Alternativen zum Kaffee bereit.
- ☺ Richten Sie es ein, dass immer ein Glas Mineralwasser am Arbeitsplatz greifbar ist.

Arbeitsgestaltung
- ☺ Installieren Sie sich einen Bildschirmschoner, der Ihnen gymnastische Übungen zeigt.
- ☺ Telefonieren Sie im Stehen, so wechseln Sie Ihre Körperhaltung.

☺ Richten Sie Ihren Arbeitsplatz so ein, dass Sie öfter aufstehen müssen.
☺ Halten Sie regelmäßige Pausenzeiten ein. Nutzen Sie nicht Ihre Pause, um beispielsweise im Internet zu surfen und so weiter vor dem Computer zu sitzen.

Abgrenzung zu alltäglichen Handlungen
Es gilt zu unterscheiden, was eine Gewohnheit und was ein Ritual ist. Morgendliches Duschen oder die zwei Tassen Kaffee zum Frühstück sind, trotz der Wiederholung, kein Ritual, sondern eine Gewohnheit. Im Ritual verbindet sich mit der Handlung eine Sinnhaftigkeit, die über die Handlung hinausweist. Zum Beispiel, wenn Sie sich ganz bewusst statt Kaffee Kräutertee genehmigen, um schon morgens etwas zu entgiften.

Mögliche Anlässe für Rituale
- Lebensübergänge
- Geburt und Willkommen heißen
- Erwachsen werden
- Hochzeit
- Therapie
- Heilung
- Trauer
- Feiern
- Suche nach Sinn, Identität, Spiritualität
- Scheidung
- Älter werden usw.

Ein Klatschritual kann man durchführen, wenn etwas besonders gut gelaufen ist. Give me five!

Diese Klatschübung erinnert mich immer an den wohl berühmtesten Fischmarkt der Welt: Pike Place Fish in Seattle, USA. Dort klatschen sich die Mitarbeiter bei einer gelungenen akrobatischen Einlage mit ihren Kunden auch so ab. Die Verkäufer auf diesem Fischmarkt beziehen ihre Kunden in die Arbeit mit ein. Sie lassen den Kunden die Fische selbst auf den Theken aussuchen, und nun ist es die Aufgabe des Kunden, den glitschigen Fisch hinter die Theke zu schmeißen, so dass der Verkäufer ihn fangen und wiegen kann. Da geht natürlich auch mal einer daneben.

Können Sie sich vorstellen, jeden Tag zehn Stunden in der Kälte und Nässe mit schleimigen und glitschigen Fischen zu hantieren und dabei noch jede Menge Spaß zu haben? Jeden Tag!? Irgendetwas machen diese Menschen, die dort arbeiten, anders, und sie haben damit Weltruhm erlangt.

Warum erzähle ich Ihnen das? Aus einem einfachen Grund. Diese Angestellten am Fischmarkt in Seattle haben genau das getan, wozu ich Sie in diesem Buch anregen möchte. Ich möchte Sie motivieren und ermutigen, ebenso wie diese Arbeiter die Art und Weise, wie Sie Ihr Leben gestalten, zu verändern.

Dieser Fischmarkt war zunächst ein normaler Fischmarkt irgendwo in Amerika. Heute ist er weltberühmt. Viele Menschen aus der ganzen Welt kommen dorthin und wollen sogar dort arbeiten, um die Philosophie, die dahintersteht, zu spüren. Die Grundregeln dieses Erfolges sind ganz einfach:

Spiele! Alles, was Spaß macht, wird gut gemacht.
Bereite anderen Menschen Freude! Wenn man den Tag anderer freundlicher macht, wirkt das auf einen selbst zurück und macht jede Begegnung zu einem Erlebnis.
Sei präsent! Ungeteilte Präsenz im »Jetzt« ist das beste Mittel gegen Frust.
Wähle deine Einstellung! Erst wenn man begreift, dass man alleine darüber entscheidet, wie man mit dem umgeht, was einem das Leben bringt, wird man neue Möglichkeiten entdecken. Wenn Sie feststellen, dass Ihre Einstellung nicht die ist, die Sie gern hätten, dann ändern Sie etwas!

Und damit möchte ich das Kapitel Humor einleiten. Humor ist nicht nur, wenn man trotzdem lacht. Humor ist eine Lebenshaltung, die mittlerweile selbst in der Wissenschaft als erlernbare Lebensstrategie ihren Zugang gefunden hat. Einer der großen Prinzipien des Humors spiegelt sich in diesem Buch wieder: **Mache aus einem Nachteil einen Vorteil!**

Denke und handle nicht problem-, sondern lösungsorientiert. Lache über deine Schwächen und baue deine Stärken aus!

Der Verstärker Humor

Humor geht Hand in Hand mit Entspannung, Kreativität und lösungsorientiertem Denken. Alle einfachen Übungen und Anregungen wie auch z. B. die Rituale, die wir bisher kennengelernt haben, sollen genau das anregen – um diese Aspekte als Lebenshaltung anzunehmen und auszuprobieren.

Humor ist eine geistige Leistung, die wir gebrauchen, um die Widrigkeiten und Probleme des Lebens zu meistern. **Gelebter Humor ist eine der größten Ressourcen, die der Mensch besitzt.** Nur wie bei jeder anderen Ressource auch, gilt es, diese zu trainieren. Ich bin sicher, dass viele Menschen den Humor gern als Werkzeug für ein genussvolleres Leben einsetzen würden, doch sie wissen nicht, wie genau sie das anstellen sollen. Humor – wie geht das? Muss ich da Witze erzählen? Oder auf lustige Art stolpern? Von der Leiter fallen oder die Zunge rausstrecken? Nein, Sie müssen keine Witze erzählen und brauchen auch nicht die Zunge herauszustrecken. Sie können aber. Humor ist eine Lebenshaltung, eine Lebenseinstellung. Die Voraussetzung für das Wundermittel Humor und dafür, einen humorvollen Alltag zu erleben, ist es, mit sich selbst humorvoll umzugehen. Und wie in der Schule fangen wir am besten mit dem Einmaleins an:

Das Einmaleins des Humors:
☺ Lernen, über sich selbst zu lachen. Das bringt mit sich, dass andere über mich lachen dürfen

☺ Humor funktioniert nur auf Augenhöhe
☺ Humor ist immer – Jetzt!
☺ Humor – Einfachheit, Geduld und Beharrlichkeit
☺ Humor ist Unsicherheit – Stolpern!

Lernen Sie, über sich selbst zu lachen
Die Basis des Humors ist auch die Kunst, über sich selbst zu lachen und sich nicht zu ernst zu nehmen. Sich selbst auf den Arm nehmen zu können. Andere über sich lachen lassen, ohne das persönlich zu nehmen. Anderen Menschen das Lachen über sich zu erlauben. Witze über sich selbst zu machen. Über sich selbst zu grinsen. Allein oder mit anderen.

Ein kleiner Test: Wann, wo und wobei lachen Sie bereits über sich selbst?
Bitte notieren Sie drei Situationen.
1.
2.
3.
Fazit: Wer über sich selbst lacht, zeigt Größe. Er gewinnt dadurch Respekt.

*Wer sich selbst auf den Arm nimmt,
spart anderen die Arbeit.*
Heinz Erhardt

Übung:
Stellen oder setzen Sie sich bequem hin. Nehmen Sie jetzt Ihren Zeigefinger und klopfen Sie sich gefühlvoll auf die Stirn, lachen Sie aus vollem Herzen, so lange Sie wollen. Verstärken können Sie diese Übung, indem Sie an ein aktuelles Problem in Ihrem Leben denken und genau dieselbe Geste mit Lachen noch mal wiederholen. Ich denke, Probleme und Herausforderungen im Leben sind nur dazu da, dass wir unsere Komfortzone verlassen. Sobald Sie auch darüber lachen können, machen Sie einen großen Schritt in Richtung Freiheit und Lösung.

Humor funktioniert nur auf Augenhöhe
Humor kann nur fruchtbar sein, wenn Einfühlungsvermögen für die eigene Situation und die Situation anderer Menschen vorhanden ist. Das setzt voraus, dass Sie Respekt und Achtung vor sich selbst und anderen Menschen haben. Dass Sie authentisch und warmherzig an die Dinge herangehen – und Geduld aufbringen. Dies bedeutet auch, even-

tuell eigene Erfahrungen und Begebenheiten einzubringen und zu nutzen, um ein ähnliches Niveau herzustellen. Natürlich muss auch die ethische Verantwortung hierbei berücksichtigt werden: Bewegen Sie sich stets im Rahmen der Ethik und achten Sie darauf, niemanden zu verletzen.

Es ist möglich, zu anderen Menschen eine Haltung der Akzeptanz aufzubauen und mit Neugierde an sie heranzugehen. So kann Augenhöhe entstehen, und so entsteht auch der hilfreiche Humor. Bewertung aller Art ist die größte Humorbremse.

Ein kleiner Test: Welche Menschen bewerten Sie – und verhindern damit eine humorvolle Lebenshaltung?

1.
2.
3.

Fazit: Humor hilft, viele Eigenschaften einer Persönlichkeit zu verstärken und weiterzuentwickeln.

Humor ist immer – Jetzt!
Eine der größten Herausforderungen im Leben ist es, da zu leben, wo sich das Leben auch abspielt. Nämlich jetzt. Sie können nicht vorlachen oder nachlachen. Sie können nicht im Voraus oder im Nachhinein humorvoll sein. Das geht nur jetzt. Lernen Sie, öfter im Hier und Jetzt zu sein. Hören Sie den Menschen nicht zu, sondern hören Sie *hin*. Schauen Sie die Menschen an und schauen Sie nicht weg. Schulen Sie Ihre Wahrnehmung. Machen Sie Denkpausen, Pausen vom Denken. Denn Denken bringt Sie immer in die Zukunft oder in die Vergangenheit.

Ein kleiner Test: Wann und wo sind Sie oft abwesend?
1.
2.
3.

Fazit: Wer *jetzt* lebt, hat mehr Lebensqualität und Spaß!

Humor besteht aus Einfachheit, Geduld und Beharrlichkeit

Haben Sie schon mal beobachtet, wie der Humor von Kindern funktioniert? Sie machen es einfach. Spontan, kurz und schmerzlos. Ohne zu denken. Um das wieder genauso tun zu können, sollten wir die Einfachheit in unserem Leben kultivieren und üben, üben, üben. Entwickeln Sie durch Selbstschulung ein Gespür dafür, wann der richtige Zeitpunkt ist, um Humortechniken bei sich selbst und anderen einzusetzen. Diese Beharrlichkeit zahlt sich aus.

Ein kleiner Test: Auf welche Lebenssituationen reagieren Sie kompliziert?
1.
2.
3.

Fazit: Machen Sie es wie die Kinder, lenken Sie verstärkt Ihre Aufmerksamkeit auch auf einfache Dinge im Leben.

Übung:
Trauen Sie sich! Eine gute Verbindung von Humor und Ritual könnte folgende Handlung sein. Wenn Sie morgens unter der Dusche stehen, machen Sie doch einmal zu Abwechslung dies: anstatt an die bevorstehenden Aufgaben zu

denken, nehmen Sie den Brausekopf in die Hand und singen Ihr Lieblingslied laut in dieses Mikrofon hinein.

Übung:
Verändern Sie Ihre Perspektive und versetzen Sie sich zum Beispiel gedanklich auf den Mond. Schauen Sie auf die Erde herab und wundern Sie sich über sich selbst. Und dann betrachten Sie mal Ihre Probleme. Von oben, von weit, weit oben. Sind sie noch immer so groß wie zuvor, oder haben sie aus der Entfernung an Kraft verloren? Stellen Sie sich vor, Sie wären der einzige Mensch auf dem Planeten. Alle anderen sind Außerirdische. Oder wie wäre es, wenn Sie ein Borkenkäfer wären?

Humor ist Unsicherheit
Wissen Sie, dass jeder Bundesbürger im Schnitt 2,5 Lebensversicherungen hat!? Dazu kommen noch Krankenversicherung, Haftpflichtversicherung, Rechtsschutzversicherung, Hundeversicherung, Kanarienvogelversicherung, Reiseversicherung, Sterbeversicherung, Brillenversicherung und so weiter und so fort! Nichts gegen Versicherungen, aber hier spiegelt sich das, was der Mensch anscheinend so dringend braucht und sucht: Sicherheit. Doch Sicherheit ist eine absolute Humorbremse, Unsicherheit der Garant für Humor! Probieren wir das doch gleich mal aus!

Übung:
Bitte holen Sie jetzt aus dem Schrank Ihres Partners/Partnerin oder Kindes oder aus Ihrem eigenen Klamotten heraus,

die Ihnen nicht passen und die möglichst bunt sind. Ziehen Sie diese an, stellen sich vor den Spiegel und schreien »Mei, geht's mir guat«. Dann gehen Sie dorthin, wo andere Menschen sind, und schreien das Gleiche. Merken Sie, alleine, wenn Sie daran denken, taucht Unsicherheit auf. Was werden die anderen über mich sagen? Ist das peinlich.

Als Kinder haben wir das ohne Probleme gemacht. Auch der Clown darf das oder wir zu Fasching. Aber bei anderen Gelegenheiten ist das grenzwertig. Aber genau das braucht Humor: Grenzen sprengen, wo welche sind! Raus aus der Komfortzone. Dort spielt sich das Leben ab, nicht auf dem Sofa! Fangen Sie an, Grenzen zu sprengen, die in unserem Kopf entstanden sind. Geben Sie Ihrem Fahrrad und/oder Auto einen klangvollen Namen. Wenn Sie damit fahren, klopfen Sie öfter auf den Lenker oder das Armaturenbrett und sagen Sie lächelnd den Namen Ihres Gefährts. Das macht gute Laune, oder?

Gehen Sie in die Apotheke und üben Sie Unsicherheit. Verlangen Sie laut und deutlich ein Erdbeerkondom. Gehen Sie in die Bäckerei und verlangen gebackene Hämorriden. Kündigen Sie eine der 2,5 Lebensversicherungen und erfüllen Sie sich einen Traum.

Alles verändert sich ständig, nur wir wollen immer das Gleiche, um sicher zu sein. Fangen Sie an, sich in kleinen Schritten zu befreien. Wählen Sie, auf welche Art und Weise Sie das Leben erfahren wollen. Die Fischhändler in Seattle haben sich entschieden, ihrem Leben und damit dem Leben anderer mehr Spaß und Humor entgegenzubringen. Sie machen Dinge, die außergewöhnlich sind, begeben sich oft in

Unsicherheit und sind dadurch weltberühmt geworden. Es geht natürlich nicht darum, weltberühmt zu sein, sondern darum, lebendig zu sein.

Humorjudo
Die Voraussetzung für das Wundermittel Humor und dafür, einen humorvollen Alltag zu erleben, ist es, mit sich selbst humorvoll umzugehen. In diesem Kapitel möchte ich nun gerne das Licht des Humors auch bei Ihnen anzünden. Ich habe schon erwähnt, dass eines der größten Prinzipien des Humors ist, aus einem Nachteil einen Vorteil zu machen. Für mich ist dies das anstrebenswerteste Denkprinzip im Leben überhaupt. Im übertragenem Sinn können Sie auch sagen: **Wo ist die Ressource, wo ist die Chance?** Nur wie gelingt uns das?

Kleiner Test: Schreiben Sie jetzt drei Dinge auf, die in Ihrem Leben derzeit problematisch sind:
1.
2.
3.

Jetzt schreiben Sie bitte auf, welche Ressource bzw. Chance hinter diesem Umstand, Situation, Gefühl ... verborgen liegt. Diese Übung mache ich regelmäßig im Coaching bei Menschen, die tief in Krisen stecken. Das Schöne daran ist, dass die Antwort immer in ihnen selbst liegt.

Denken Sie noch mal an das Beispiel mit meiner Seminarteilnehmerin, die kurz vor dem Burn-out stand und die der

Job, den sie gemacht hat, total belastet hat. Sie hat gemerkt, dass ihre Gewohnheiten sie in dieses Dilemma geführt haben. Sie stellte ihre Gewohnheiten um. Statt demotivierende Gewohnheiten weiterzuführen, fing sie an, motivierende Gewohnheiten zu kultivieren. Dadurch bekam sie einen neuen Job und hatte wieder Spaß und Freude am Leben. Sie begann, sich auf Unsicheres einzulassen, wie Lachyoga oder wieder selbst kochen, auch wenn es mal daneben geht. Dasselbe war bei dem Ehepaar mit der Badewannennummer zu beobachten. Alle fingen an, neue Gewohnheiten zu kultivieren. Sie begaben sich auf ein neues Lern-Spielfeld und profitierten immens davon. Und genau das beschreibt auch die tiefere Bedeutung von Humor.

Die Kunst des Humors besteht nicht im Witzigsein, sondern in einer unbefangenen und spielerischen Art des Umgangs mit dem Leben. Das Spielerische wiederum ist von der Fähigkeit abhängig, sich schuldlos fühlen zu können.

Wenn wir etwas Neues im Leben ausprobieren, lassen wir uns leicht durch die Tante Miezi oder andere Menschen zurückhalten. Wir haben oft Schuld- oder Schamgefühle. Doch wir sind auch in der Lage, diese zu überwinden und unser Leben selbst in die Hand zu nehmen. Warten Sie nicht darauf, dass jemand anderes Ihnen die Erlaubnis dazu gibt. Auch nicht Ihre Tante Miezi. Fangen Sie an zu handeln. Fangen Sie an, mutiger zu sein. Fangen Sie an, sich verletzlicher zu machen. Überwinden Sie Ihre Ängste und Trägheit. Haben Sie mehr Vertrauen ins Leben. Entdecken Sie in jedem Problem, jeder Herausforderung auch die Ressource, die Chance. Das Anfangszitat in diesem Buch ist dafür eine geniale Metapher.

Jetzt da mein Haus abgebrannt ist, habe ich eine bessere Sicht auf den aufgehenden Mond.

Humorjudo ist meiner Meinung nach die beste Möglichkeit, Humor als Lebenshaltung praktisch umzusetzen. Sie können durch diese Methode aktiv Ressourcen bei sich selbst und anderen freisetzen. Sie können Humorjudo immer und überall anwenden. Humorjudo bedeutet, den Angriff des Gegners zu nutzen. Der Gegner kann hierbei in Ihnen selbst stecken, er kann sich durchaus unter dem Deckmantel Ihrer Gefühle, Gedanken oder Empfindungen verstecken. Selbstverständlich kann der Gegner auch ein anderer Mensch sein oder die Natur, die Sie mit Dauerregen ärgert.

Paul Watzlawick, ein Psychologe, der sich intensiv mit humorvoller Kommunikation beschäftigt hat, nannte diese Art von Kampfsport ohne Kampf und Sport schon vor dreißig Jahren Judotechnik. Beim Humorjudo nutzen Sie – wie auch beim ursprünglichen Judo – den Schwung des Angreifers, indem Sie ihn und die Zielrichtung seines Angriffs bestätigen und verstärken.

Für diese Methode brauchen Sie die drei A:
– Aufmerksamkeit
– Achtsamkeit
– Akzeptanz

Sie machen Ihren Gegner, ob er es will oder nicht, zu Ihrem Verbündeten, indem Sie akzeptieren, was gerade ist. So läuft der Angreifer ins Leere. Da Sie sich nicht wehren, fehlt der Angriffspunkt. Das nimmt dem Angreifer den Wind aus den Segeln. Eine paradoxe Situation entsteht. Allerdings nur, wenn Sie die Kunst des Einmaleins des Humors beherrschen und Dinge und Menschen nicht pausenlos in »gut« und »schlecht« unterteilen. Das bedeutet, Sie erkennen und akzeptieren, was Ihnen die Welt anbietet.

Es ist so ähnlich wie beim Tischtennis. Der Mitspieler aus dem gegnerischen Team spielt Ihnen einen Ball zu, Sie nehmen ihn an, als das, was gerade ist, Sie akzeptieren ihn. Und dann machen Sie ein neues Angebot und geben den Ball wieder zurück, etwas fester oder leichter, nach links oder rechts. Jetzt ist erneut Ihr Gegenspieler dran. Auch er muss akzeptieren, was ist, um den Ball gut zurückzubringen. Er wird keinen Erfolg haben, wenn er die Arme vor der Brust verschränkt und sich beschwert, weil er den Ball lieber fünfzig Zentimeter weiter rechts oder links gehabt hätte. Und überhaupt findet er den Ball nicht schön, er hätte ihn lieber in Grün, nicht in Weiß.

Erinnern Sie sich an Ihre Antworten bei der kleinen Testfrage: Welche Menschen bewerten Sie – und verhindern damit eine humorvolle Lebenshaltung? Widerstände im Leben und beim Humorjudo verweisen meist auf ein zu starkes Bewertungssystem.

Versuchen Sie mit kleinen Schritten und hoher Motivation, sich diese Gewohnheit abzutrainieren. Sie bringt Sie nicht auf die Sonnenseite des Lebens, im Gegenteil: Sie hält

Sie in der Dunkelheit fest. Sobald Sie anderen Menschen und auch sich selbst wertfrei begegnen, klappt die Methode des Humorjudos einwandfrei!

1. Sagen Sie innerlich »Ja«. »Ja« zu sich selbst, »ja« zu den anderen und »ja« zu der Welt.
2. Seien Sie aufmerksam im Hier und Jetzt.
3. Wiederholen Sie das, was gerade ist.
4. Machen Sie ein neues Angebot.

Zwei kleine Beispiele aus meinen Seminaren:

Nach einem Vortrag bat mich eine Frau um Rat, wie sie mit ihrem Mann umgehen könne, der immer beim Autofahren ausfallend und aggressiv sei, schimpfe und fluche. Das belaste sie so sehr, dass sie keine Lust mehr habe, mit ihrem Mann im Auto zu fahren. Sie sei schon lange vor den Fahrten angespannt und schlecht gelaunt. Dummerweise sei sie auf ihren Mann angewiesen, da sie selbst keinen Führerschein habe. »Was kann ich tun, um diese Situation zu verändern und mein Leiden loszuwerden?«

Ich riet ihr zu Folgendem, was auch auf Ihre Situation übertragen werden kann.

Schritt 1: »Ja« sagen zum Leben
Versuchen Sie, auch wenn es Ihnen schwerfällt, sich trotzdem neben Ihren Mann ins Auto zu setzen, und sagen Sie »Ja« zu ihm und der Situation.

Schritt 2: Seien Sie **aufmerksam und achten** Sie darauf, was er macht.

Schritt 3: Wiederholung
Sobald Ihr Mann zu schimpfen und fluchen beginnt, sagen Sie zu ihm: »Ich habe es mir überlegt, eigentlich hast du recht mit deinem aggressiven Verhalten beim Autofahren. Es sind ja wirklich nur Idioten auf der Straße unterwegs.«

Schritt 4: neues Angebot
Bitten Sie Ihren Mann: »Ich möchte auch so fluchen und schimpfen wie du. Bitte sprich doch mal langsamer. Ich würde gerne mitmachen!«

Auswirkung:
Noch während ich der Teilnehmerin meine Strategie erklärte, fing sie schon an zu lachen. Obwohl sie starke Zweifel hatte, ob sie sich das trauen soll, versprach sie mir, es auszuprobieren. Zwei Wochen später rief sie mich an und berichtete mir stolz, dass sie es geschafft habe. Ihr Mann sei so perplex gewesen, dass er zuerst überhaupt nichts mehr gesagt habe und dann lachen musste wie selten zuvor. »Ich fahre nun wieder richtig gern mit meinem Mann Auto, und diese Episode hat mir nicht nur unterwegs geholfen, sondern insgesamt hat sie unserer ganzen Ehe gutgetan. Es ist jetzt irgendwie lebendiger. Und wir fluchen jetzt abwechselnd, wie zwei Teenager.«

Übertreibung als neues Angebot zeigt sich in diesem Fall als Entspannung der Situation. Indem wir ein Problem übertreiben, relativiert sich die Wichtigkeit. Kinder sind Meister der Übertreibung. Üben Sie im Freundes- und Bekanntenkreis. Sie können nur gewinnen.

Beim ersten Tag eines Humorseminars in der Vorstellungsrunde vertraute eine Teilnehmerin uns schluchzend an, dass sie fix und fertig sei, da sie sich nach sechsjähriger Beziehung von ihrem Freund getrennt habe, den sie zwar sehr liebe, aber sie leide auch sehr unter seinen Eifersuchtsanfällen. Nun müsse sie pausenlos an ihn denken und könne sich nicht auf das Seminar konzentrieren, weil sie sehr traurig sei und es ihr schlecht gehe.

Schritt 1: »Ja« sagen zum Leben
Ich riet der Teilnehmerin, »Ja« zu ihrem Gefühl und zu ihren Empfindungen zu sagen und sie anzunehmen, anstatt zu versuchen, sie zu unterdrücken, hinunterzuschlucken oder zu verdrängen.

Schritt 2: Aufmerksamkeit
Ich riet der Teilnehmerin: »Seien Sie **aufmerksam und achten** Sie auf Ihre Gefühle.«

Schritt 3: Wiederholung
Ich riet der Teilnehmerin, ihre Gefühle zu verstärken. Nach dem Seminartag sollte sie sich vor einen Spiegel stellen und ganz bewusst ihre Schultern hängen lassen und mit weinerlicher Stimme sagen: »Ich bin so arm dran. Es geht mir so schlecht! Ich bin so furchtbar einsam.«

Schritt 4: neues Angebot
Dann sollte die Teilnehmerin ihre Stimme wieder zuversichtlicher ertönen lassen und sich selbst Mut zusprechen: »Obwohl es mir so schlecht geht, schließe ich mich jetzt der Gruppe an und gehe mit den anderen Seminarteilnehmern ins Kino.« (Ich wusste, dass die anderen Teilnehmer ins Kino gehen wollten.)

Auswirkung: Am nächsten Tag erzählte mir die Teilnehmerin verblüfft von der Wirkung dieser kleinen 4-Schritte-Übung. Obwohl sie es nicht für möglich gehalten hatte, verbrachte sie mit den anderen Teilnehmern einen schönen Abend, zuerst im Kino und anschließend in einer Kneipe. Eine Woche nach dem Seminar rief sie mich an und berichtete mir, dass sie es sich zur Gewohnheit gemacht habe, wann immer die Gefühle der Traurigkeit und Einsamkeit sie zu überfluten drohten, ihnen mit diesen 4 Schritten zu begegnen.

Die verschiedenen Techniken des Humorjudos haben eine Gemeinsamkeit: Stets geht es darum, die andere Seite der Medaille zu entdecken. Die Welt aus einem neuen Blickwinkel zu betrachten und die Ressource zu erkennen.

Judotechnik-Schnelltest
Probieren Sie die Technik des Humorjudos mit folgenden drei Lernschritten aus:

1. Erinnern Sie sich an zwei Situationen, in denen Sie es sich gewünscht hätten, schlagfertiger zu reagieren, als es Ihnen gelungen ist. Wie gern hätten Sie eine pfiffige Bemerkung parat gehabt! Leider fiel Ihnen in dem Moment nichts ein.

2. Nun darf Ihnen etwas einfallen: Überlegen Sie sich einen oder zwei Kommentare, die Sie damals gern losgeworden wären. Sprechen Sie sich diese im Geiste mehrere Male vor, gerne auch laut.

3. Da ist sie schon, die Situation, auf die Sie insgeheim gewartet haben. Diesmal machen Sie es besser: Zögern Sie keine Sekunde und gehen Sie mit dem 4-Schritte-Programm wie in den Beispielen vor. Sagen Sie »Ja« zu der Situation, seien Sie achtsam im Hier und Jetzt. Wiederholen Sie sie und machen Sie ein neues Angebot in Form einer pfiffigen Antwort oder Bemerkung.

Wenn Sie dranbleiben und fleißig üben, werden Ihnen in Zukunft ständig neue Spielarten des Humorjudos einfallen. Jetzt noch ein kleines Beispiel dafür, wie Sie auch alltägliche Situationen, die frei von irgendwelchen Problemen oder Konflikten sind, mit ein wenig Humorjudo aufmuntern können.

Angenommen, Sie kaufen jeden Morgen auf dem Arbeitsweg bei Ihrem Lieblingsbäcker bei immer derselben Person eine Zeitung und einen Coffee to go. Die Bäckersfrau begrüßt Sie jeden Morgen mit einem »Schönen guten Morgen«, und Sie erwidern den Gruß Tag für Tag auf die gleiche Art und Weise und geben dann Ihre Bestellung auf. Doch hoppla. Was passiert jetzt? Sie verlangen eine Zeitung, einen Cappuccino und verlassen dann die alltägliche Routine. Sie unterbreiten ein neues Angebot: »Bitte heute noch ein Pfund grünes Popcorn!«

Sie sehen, mit Humorjudo brauchen Sie nicht in der Routine zu verweilen. Sie haben die Möglichkeit, jede Lebenssituation aufzufrischen, neu zu machen. Ihrer Kreativität sind keine Grenzen dabei gesetzt. So kann jede Begegnung ein besonderer Moment werden. Viele besondere Momente im Alltag fühlen sich gut an. Außerdem ist das Leben nur eine Abfolge von Momenten. Nicht der Tage erinnern wir uns im Leben, sondern der Augenblicke.

Machen Sie Ihre vielen Lebensaugenblicke zu einer Lebenshaltung. Gehen Sie auf Augenblicke zu, nicht weg. Immer, wenn wir bewerten, machen wir Augenblicke alt.

Bewertungen sind aus der Vergangenheit. Geben Sie sich selbst und anderen jeden Tag eine neue Chance! Wenn ich unterwegs bin und achtsam und aufmerksam Menschen beobachte oder selbst zum Beispiel in einer Bäckerei bin, ist zu beobachten, dass alles seine Routine hat. Was ich oder wie ich schon immer bestellt habe, das wiederholt sich. Damit meine ich, dass überall, wo man hinsieht, die Menschen ihrer Routine nachgehen. Kaum mal eine Abweichung. Kein Verlassen der Komfortzone. Keiner will auffallen, aus der Reihe tanzen. Keiner will das schwarze Schaf sein. Oder doch?

Es lohnt sich, aus der Reihe zu tanzen. Seien Sie kein Schaf und entdecken Sie Ihr Potenzial. Entwickeln Sie Ihre Ressourcen. Seien Sie präsent. Entdecken Sie in allem, was Sie tun, denken und sprechen, die Chance zu einem freudvollen **Leben in diesem Moment.**

Das Wertvollste im Leben ist die Entfaltung der Persönlichkeit und ihrer schöpferischen Kräfte.
Albert Einstein

Der Anfang am Schluss

Es gibt zwei Grundprinzipien in der Natur: »Wachsen oder Welken« Wie wachse ich, und wann welke ich? Wachstum braucht ein gutes Milieu. Wenn ich kein gutes Milieu habe, kann ich nicht wachsen, sondern welke. Wenn ich eine Pflanze mit Cola gieße, wird sie kaum wachsen, sondern welken. Wenn ich meine Persönlichkeit mit Negativität nähre, welke ich. Womit nähren wir unsere Persönlichkeit dann am besten? Dieses Büchlein zeigt Wachstum auf. Spielerisches Wachstum ohne Schuldgefühle! Die Botschaft ist einfach **ICH-TRAU-MICH**.

Wachsen bedeutet, sich etwas zu trauen. Aber was? Das, was ich mir erträume. Träumen wir wieder! Träumen wir von dem, was uns und anderen guttut. Und das ist nicht Flucht, Kampf und Erstarren, sondern Neugier, Lebensfreude und Beweglichkeit. Aber nicht vorgestern oder übermorgen, sondern »Jetzt«, es gibt nichts anderes! Viel Spaß dabei!

Das Ressourcen Grundrezept

Entscheiden Sie sich, Lösungen zu suchen, statt sich auf Probleme zu konzentrieren!

Seite 17

Entrümpeln Sie Ihre Belastungen. Setzen Sie sich Ziele, die begeistern, schreiben Sie sie auf, träumen Sie und erzählen Sie davon.

Seite 21

Überwinden Sie Ihre Urängste. Wo die Angst ist, ist der Weg.

Seite 23

- Haltungsübung ins Leben integrieren. Seite 29

Nehmen Sie Haltung an.

Seite 26

- Anregungen auf Seite 82 beachten.

Verwenden Sie hilfreiche Rituale.

Seite 78

Werden Sie aktiv, bleiben Sie beweglich!

Seite 36

- Ressourcenübung und Klopftechniken regelmäßig machen. Seite 47 und Seite 63

Regelmäßigkeit bringt den Erfolg. Nicht die großen Schritte, sondern die kleinen regelmäßigen machen es aus!

Seite 39

Humor ist, wenn man trotzdem lacht und es trotzdem macht!

Übungen Seite 89

Hilfreiche Tipps

Bücher

Horst Bensch, *Klopf dich gesund*, Goldmann 2010
Christoph Emmelmann, *Das kleine Lachyoga-Buch*, dtv 2007
Christoph Emmelmann, *Schluss mit frustig*, GU 2011
Thomas Holtbernd, *Macht Glauben glücklich?*, Echter 2010
Lundin/Paul/Christensen, *Fish – Ein ungewöhnliches Motivationsbuch*, Goldmann 2003
Dr. Severan Schreiber, *Die neue Medizin der Emotionen*, Goldmann 2006

Internet

www.christoph-emmelmann.com
www.emdr-emmelmann.info
www.muenchner-lachschule.info
www.holtbernd-beratung.de
www.emdr-akademie.de

Das Seminar zum Buch

»Die Faszination, sich selbst zu heilen«
Durch die eigene Erfahrung, eine Lebenskrise gemeistert zu haben, ist es mein Ziel geworden, anderen Menschen einfache, stärkende und heilende Techniken mit all ihren Facetten zugänglich zu machen.

Dabei habe ich mich unter anderem auf bilaterale Stimulation, Ressourcenübungen, und EFT-Klopftechniken spezialisiert, die ich nunmehr seit über zehn Jahren in meiner Arbeit mit Gruppen und Einzelpersonen erfolgreich einsetze.

Diese Techniken helfen, Sabotageprogramme und Blockaden auf allen Ebenen nachhaltig aufzulösen. Die energiepsychologischen Techniken gehen davon aus, dass psychische Störungen etc. auf Blockaden im Energiesystem des Körpers beruhen. Um die blockierte Energie wieder in Fluss zu bringen, werden wechselseitige Stimulationen der Gehirnhälften durchgeführt und spezielle Akupunkturpunkte »aktiviert«, während man auf eine bestimmte Weise an das zu korrigierende Thema denkt, bzw. darüber spricht. So können sich die Teilnehmer, selbst bei psychisch bedingten körperlichen Beschwerden, in kürzester Zeit Erleichterung verschaffen. Ressourcenübungen verstärken diesen Effekt. In dem Seminar erlernen Sie diese Techniken und können ab sofort selbst Ihre Sabotageprogramme, Erfolgshemmer, Existenzängste, Problemthemen korrigieren. Machen Sie sich auf den Weg!

www.emdr-emmelmann.info (Seminare)

Asos online